Agustí Pascual Cabo

Hacia una sociología curricular en
Educación de Personas Adultas

Dados Internacionais de Catalogação na Publicação (CIP)
(Câmara Brasileira do Livro, SP, Brasil)

Pascual Cabo, Agustí

Hacia una sociología curricular en educatión de personas adultas / Agustí Pascual Cabo. -- São Paulo : Cortez, 2016.

ISBN 978-85-249-2457-6

1. Educação - Finalidades e objetivos 2. Educação de adultos 3. Educação de adultos - Aspectos sociais 4. Educação de adultos - Programa de estudo I. Título.

16-04834   CDD-374

Índices para catálogo sistemático:

1.   Educação de adultos   374

Direitos de impressão no Brasil — Cortez Editora

Rua Monte Alegre, 1074 – Perdizes
05014-001 – São Paulo – SP
Tels.: (55 11) 3864-0111 / 3611-9616
cortez@cortezeditora.com.br
www.cortezeditora.com.br

Nenhuma parte desta obra pode ser reproduzida ou duplicada
sem autorização expressa dos autores e do editor.

© Agustí Pascual Cabo, 2000

© Ediciones OCTAEDRO, S.L.
C/ Bailén, 5 - 08010 Barcelona Tel.:
93 246 40 02 Fax: 93 231 18 68 e-mail: octaedro@octaedro.com

Edição original
ISBN: 84-8063-411-1 (Octaedro)

Impresso no Brasil — agosto de 2016

Índice

Prólogo 5

Presentación 9

CAPÍTULO PRIMERO: Naturaleza política del currículum de la EA 13

1. Delimitaciones sobre la actualidad de la EA 14
    1.1. La Educación Popular en América Latina 16
    1.2. Diferentes lecturas para una misma realidad de la EA en los EE.UU. 17
    1.3. La Educación de Personas Adultas en Europa 21
    1.4. La Educación de Personas Adultas como política social 24
2. Consideraciones respecto del currículum 27

CAPÍTULO SEGUNDO: Sociología curricular de la EA 35

1. Precisiones sobre el término conocimiento 35
2. Sociología curricular 39
    2.1. Teoría curricular 40
3. Aportaciones de las teorías sociológicas 42
4. El enfoque marxista y la cuestión de la conciencia 50

CAPÍTULO TERCERO: Institucionalización de la EA 57

1. Principios básicos que configuran la EA 57
2. Disyuntivas en la institucionalización de la EA: implicaciones en el currículum 61
3. Respuesta institucional al currículum de la EA 66

CAPÍTULO CUARTO: Política curricular y desarrollo de la EA 73

1. Introducción 73
2. Grecia y la Edad Media 75
3. De la Ilustración a la revolución social e industrial 78
4. Desarrollo contemporáneo 84
    4.1. Inicio de experiencias y primeras referencias legislativas 84
    4.2. Advenimiento de miradas esperanzadoras 87

  4.3. Una mirada unívoca: la educación nacional católica 88
  4.4. Miradas limitadoras y posibilitadoras 90

CAPÍTULO QUINTO: El entorno social del currículum 95

1. Clases y relaciones sociales 97
2. Sujeto o Persona Adulta 103
3. Las actividades sociales 106
4. Construcción social de los conocimientos 110
5. Las experiencias sociales: base y fundamento para la construcción curricular 116

CAPÍTULO SEXTO: Cultura, ideología y currículum 121

1. Aportaciones desde la sociología de la cultura 121
2. Práctica social y concepto de la cultura 125
3. Ideología: categoría interpretativa de las relaciones entre cultura
  y currículum 131

CAPÍTULO SÉPTIMO: Estructura del currículum de la EA 135

1. El proceso de producción social y cultural 137
2. Objeto y estructura del discurso pedagógico de la EA 140
3. Elementos a considerar en la construcción del currículumde la EA 145
4. Rasgos característicos y concepto de los conocimientos no formales 152
5. Proceso de producción académica de conocimientos 157
  5.1. Principios sociales y educativos de formalización curricular 164
  5.2. Formato curricular 167

CAPÍTULO OCTAVO: Especificidad del currículum de la EA y la reconstrucción
de la democracia 173

Bibliografía 179

A Ana y Beatriz

PRÓLOGO

El ensayo que el lector tiene en sus manos comenzó con el impulso de una ilusión en el doble sentido del término. Se inició, por expresarlo de alguna manera, con una energía cargada de promesas, con una confianza razonable en la posibilidad de introducir cambios en el espacio social del que partía y en el que se proyectaba, la educación de personas adultas (EA), y al mismo tiempo, surgió como una suerte de «ficción útil», como una especie de autoengaño deliberado. Pretendía el autor, ni más ni menos, que esta investigación fuera útil para el propio campo en el que se centraba. Aunque una vez finalizada ésta, convendremos en que este proyecto no se puede juzgar, afortunadamente, por su utilidad.

Esta afirmación no pretende restar méritos a una tarea, que se materializó finalmente como tesis doctoral, tan encomiable como valiosa. Antes bien, cuando sostengo que este trabajo queda lejos de ser útil, es preciso matizar esta afirmación. Ciertamente, este trabajo no se define por su utilidad, sino por su necesidad. Lo que, sin duda, es mucho mejor que un trabajo supuestamente útil, pero innecesario. De la misma manera que el lugar que uno descubre por primera vez puede ser un lugar inútil que acaba convirtiéndose en necesario a costa de desearlo, de frecuentarlo o de habitarlo, esta indagación se hizo necesaria desde el momento en que fue proyectada y ha cobrado vida en estas páginas, pasando del no-lugar (el reino de la *u-topía*) a la región de lo pensable, de lo posible y de lo deseable.

En cualquier caso, lo que nos gustaría subrayar es que el trabajo de Pascual Cabo acaba construyendo un discurso que va a resultar cada vez más necesario, aunque hoy por hoy pueda ser tachado por los poderes públicos de inútil por poco realista. Y es que, paradójicamente, el discurso de esos poderes se ha ido elaborando a base de mostrar lo útil (eficaz, eficiente, realista, funcional…) que resulta la educación de personas adultas tal como la conocemos en la actualidad, y al mismo tiempo, y por ello mismo, haciendo de su aparente virtud su auténtica servidumbre, su carácter terriblemente prescindible y vulnerable.

La tesis de esta obra choca frontalmente con el *pensamiento débil* o con el *pensamiento único* que reduce a único y convierte en débil el espacio social de la educación de personas adultas. Frente a ese pensamiento de retirada, de adaptación, estas páginas ofrecen un pensamiento de resistencia, de oposición, un pensamiento fuerte que traza un proyecto de educación de personas adultas necesario, esto es, un proyecto de EA con un sentido radicalmente diferente al que ahora mismo se le confiere. Esta EA alternativa queda redefinida como un proyecto político y cultural, como concreción de una necesidad social emergente y como una nueva forma de compromiso cívico. A partir de un ilustrado ejercicio de imaginación sociológica, Pascual Cabo descoloniza el espacio de confinamiento de la EA, el de la *racionalidad instrumental*, para recolonizar otro territorio, el de la *racionalidad emancipadora*. Por ello, o quizá para ello, para «echar raíces», este proyecto ha sido trazado con el pensamiento de la errancia, desde el inevitable nomadismo que supone el rechazo de todo dogmatismo, y seguir sus pasos exige tanta renuncia a viejos hábitos profesionales y mentales como sentido de la apertura y riesgo.

El análisis de esta obra comienza con una descripción nada complaciente pero que podemos reconocer sin dificultad: viene a decir que nuestra EA es escolar, demasiado escolar, y ese escolarismo ha tenido en el pasado, tiene en la actualidad y tendrá en lo sucesivo de no cambiar la tendencia, efectos en las políticas y en las prácticas educativas. Así vemos cumplido ese teorema de William Thomas que consiste en señalar que si definimos una situación como real, sus consecuencias acabarán siendo reales. Lo que, en nuestro caso, significa que si definimos el ámbito de la educación de personas adultas como escolar, la consecuencia más inmediata y notoria es que tan sólo seremos capaces de pensar y de hacer una EA escolar. Justamente el escolarismo es uno de los rasgos más marcados del sector y una de las tendencias más poderosas que se registran a partir de la última Reforma Educativa.

Lo que el autor nos propone a partir de este diagnóstico es una radical inversión o subversión del discurso pedagógico que circula en EA. Para ello se requiere de una definición de la política curricular de la EA, de la que hasta el momento se ha carecido. Esta política curricular apela al imaginario social y sostiene que el discurso de EA (y en concreto el desarrollo curricular) se transforma de acuerdo con el propio mundo del trabajo («vita activa»).

Con esta propuesta, de paso, el autor pone el dedo en la llaga al apuntar la desregularización creciente de este ámbito educativo. Esta desregularización no es exclusiva de la EA y encuentra su dinámica más notable en la operación de derribo o desmantelamiento a la que estamos asistiendo en tres frentes de un mismo proceso: a) el desmantelamiento creciente del espacio social de lo público, que como consecuencia supone b) el desmantelamiento de prestaciones o servicios públicos (de la escuela pública, de manera singular) y c) la fragmentación de los públicos (su disolución en «ciudadanos siervos», ciudadanos clientes, «telepolitas», etc.). Esta desregularización, en el caso que nos ocupa, se oculta con medidas de control administrativo creciente, siempre ejercidas desde la lógica de lo escolar, abocando a la EA a ser más escuela, si cabe.

Pues bien, lo que se pretende en estas páginas es devolver a la EA el espacio de libertad que le corresponde, liberándola del cautiverio al que está sometida. Por supuesto, este espacio de libertad no reside en ningún horizonte ideal, sino que se conquista justamente al reconocer la posibilidad de gestionar el terreno al que pertenece y en el que encuentra su explicación: el campo de lo social. Cuando hablamos del campo de lo social nos referimos no sólo al terreno de juego (a la estructura), sino al juego mismo (a la dinámica): esto es, a la acción, al obrar, a la *vita activa* de los actores sociales.

El concepto de *sujeto social* ocupa en este estudio una posición privilegiada. No deja de ser un acto de valentía, en una era conservadora, recuperar lo que Derriba denomina los «espectros» de Marx. Uno de ellos es ese sujeto social que ejerce su nomadismo por las calles de la Historia, cruzando y derribando fronteras, tendiendo puentes entre la conciencia de su propia existencia y las condiciones materiales de ésta.

Sugiere Marx que el lenguaje es una expresión de la realidad, y no una esfera autónoma de la misma. También apunta Marx que las ideas quedan en ridículo al estar diferenciadas de los intereses. Merece destacar, como ilustración de esta comunión de ideas e intereses, la entrada en este estudio a una voz autorizada, y a la que ya es hora que le prestemos atención en el ámbito de EA. Me refiero a Raymond Williams, ese prolífico intelectual cosmopolita, que abonó buena parte de su obra a partir de su temprana experiencia universitaria en EA, y del que tenemos contadas traducciones.

Más allá de esta voz, sin duda singular, lo que en realidad ha hecho este trabajo ha sido abrir la EA a otras mentes, a otros escenarios, huyendo de ese patio de vecindad al que algunos creen, o quisieran, ver reducida la EA. Y ello queda demostrado en una magnífica bibliografía que es una invitación a seguir leyendo, a seguir pensando la EA.

Como cualquier buen libro de análisis y reflexión, éste también suscita una constelación de interrogantes y de perplejidades a medida que da respuestas a cuestiones pendientes. Sin agotar, en absoluto, el espectro de todas ellas, algunas de las que, como auténticos desafíos, provocan la lectura de esta obra se podrían resumir así. Si, como se pretende, el curriculum de EA ha de ser un proyecto cultural y político, cabe preguntarse hasta qué punto la construcción discursiva del curriculum de la EA no tendría que pasar por una deconstrucción del propio discurso pedagógico o por un descentramiento de un discurso tradicionalmente paidocéntrico. Dicho de otra manera, no se trataría tanto de *resolver* o de construir un discurso pedagógico para la EA, sino más bien de *disolverlo*, convirtiéndolo en discurso social, o en «expresión de la vida real». Si vamos un poco más allá, el discurso pedagógico que propone Bernstein, y que el autor traduce para la EA ¿no puede acabar construyendo una jaula conceptual con las propias barreras del lenguaje? ¿Y acaso no tropezamos una y otra vez con esas barreras cuando tratamos de alcanzar lo impensable desde lo pensable? Por utilizar una imagen de Wittgenstein, ¿hablar del discurso pedagógico de la EA no puede acabar provocando «calambres mentales»? Y siguiendo con las imágenes del filósofo vienés, es necesario reconocer que aquí se han dado pasos lógicos subiendo los peldaños de la escalera, pero una vez se ha subido el último peldaño, y aquí se ha logrado al mostrarnos y demostrarnos que la EA es un campo de determinaciones sociales y de posibilidades abiertas, es preciso tirar la escalera, dando no ya un paso, sino un salto lógico. Es decir, ¿no es hora de hablar de la EA con otra gramática, de pensar la EA con otra lógica, de hacer la EA con otra dinámica, desde otras propuestas? Pues si, tal como señala Wittgenstein, «los límites del lenguaje son los límites de mi mundo», de la misma manera podemos pensar que los límites de un discurso pedagógico son los límites de un mundo pedagógico. ¿Es éste el mundo que queremos para la EA?

Para finalizar este prólogo, y dar paso a la auténtica aventura del conocimiento que nos ofrece este libro, nos gustaría citar a dos autores bien distintos, pero que coinciden en una metáfora a la que esta obra ha estado receptiva. El primero de ellos es George Santayana, quien en sus *Diálogos en el Limbo* nos aconsejaba «soñar despiertos» o, lo que es lo mismo, ganar conciencia «manteniendo la ilusión sin sucumbir a ella». El segundo es Jesús Ibáñez, y quien en *El regreso del sujeto* concluye con una frase que vale la pena recordar: «más vale pájaro soñando que ciento durmiendo». Pues bien, este estudio constituye una invitación a soñar despiertos, en un ejercicio tan inútil como necesario.

Lo que ha hecho el autor, manteniendo la ilusión con esta tarea, ha sido ofrecernos una muestra de resistencia frente a la amnesia programada, y una muestra también, plena de sentido, de la necesidad de cambiar de geografías mentales, de firmar un nuevo contrato educativo y social, un nuevo acuerdo con nosotros mismos desde la corresponsabilidad que tenemos cada vez mayor hacia esta vasta red de relaciones que constituye nuestro mundo. «Por otra parte –si escuchamos a Marx de nuevo– en esto consiste precisamente la ventaja de la nueva tendencia; nosotros no anticipamos dogmáticamente el mundo, sino que queremos encontrar el mundo nuevo a partir de la crítica del viejo».

Con estas páginas, la EA adquiere más dignidad, si cabe, en unos momentos en que ya estamos asistiendo a su confinamiento a partir del nuevo asalto liberal. Podemos estar seguros de que, aún desde los márgenes, este trabajo se convertirá en un recurso valioso para ese viaje hacia la esperanza que hace dos décadas anticipaba Raymond Williams y que hoy no tiene más demora.

JOSÉ BELTRÁN LLAVADOR
Departamento de Sociología y Antropología Social
Universidad de Valencia

PRESENTACIÓN

> «(...) que el juicio pueda ser una de las facultades fundamentales del hombre como ser político, en la medida que le hace capaz de orientarse en el terreno público, en el mundo común, son puntos de vista virtualmente tan antiguos como la experiencia política articulada (...). Juzgar es una actividad importante –si no la más importante– en la que este compartir-el-mundo-con-otro se produce»
>
> HANNAH ARENDT (1989:52)

La necesidad de juzgar y, por tanto, de decidir sobre los conocimientos que se producen socialmente y los que se construyen académicamente es una de las actividades públicas, y en consecuencia políticas, más importantes de la educación. Esta actividad es el objeto de la obra que presento. En otras palabras, el trabajo versa sobre la construcción social y educativa del currículum y, más concretamente, en la Educación de Personas Adultas (a partir de ahora, reducida al acrónimo EA). En él planteo una construcción curricular opuesta a aquella otra basada en una función instrumentalista de la educación, la cual no cuestiona las propias realidades sociales y educativas. En este sentido el ensayo puede considerarse fuera de los marcos técnicos y burocráticos en los que se desenvuelve el actual discurso educativo. Así, desde el discurso conservador (AA.VV., 1993), las necesidades educativas son analizadas bajo el prisma empresarial: lo que es privado es bueno, efectivo, de calidad, ahorrador, y todo lo público es lento, ineficaz, malgastador e incluso corrupto. Es por eso que cualquier proyecto de formación común y colectiva de las personas adultas, como seres en proceso, es tratado y visto como algo irreal, poco operativo, estéril e infructuoso.

La finalidad del libro es doble: por una parte, aportar un discurso pedagógico de la EA a partir del cual conceptualizar los elementos suficientes para argumentar y fundamentar la especificidad del currículum de la EA. En segundo lugar, recuperar el sentido público, y por tanto político, de la construcción social del currículum de la EA atendiendo a diferentes categorías sociológicas y análisis pedagógicos.

El presente libro es la plasmación de una parte de la investigación realizada a lo largo de los cuatro últimos años y titulada: «Conceptualización curricular en EA: de la prescripción a la construcción discursiva».*

He optado por recomponer el marco que estructura y guía la investigación, fundamentalmente por la inexistencia significativa de este discurso en los dos campos de estudio que conecta, y en el que se sitúa el trabajo, la sociología curricular y la EA. Tal vez las proposiciones, afirmaciones y propuestas narradas en el texto quedan solitarias sin una identificación empírica de las mismas. Sin embargo, estoy convencido de que la materialización de las prácticas que se proponen permitirá, aunque sea en diferentes contextos, un acercamiento distinto en la construcción curricular. Por eso he respetado no sólo las diferentes aportaciones teóricas sino también el lenguaje formal utilizado, ya que, si bien puede resultar en algunos momentos denso o condensado al estilo de una monografía académica, trata de dar una mayor conceptualización y formalización al discurso del currículum de la EA. No hemos de olvidar que el lenguaje, como mediador entre el pensamiento y la acción humana, mantiene la potencialidad simbólica de construir la realidad educativa a partir de la representación, sencilla o compleja, de ella misma, es decir, de incluir en lo real la propia representación. El trabajo también pretende ser una manifestación de mi compromiso básico con las cuestiones de la teoría estructural marxista y de las intuiciones que de ella devienen. En este sentido he tratado de comprender, analizar e interpretar la realidad social y educativa para guiar la propia actuación de las agencias y los agentes de la EA. No he pretendido, en ningún momento, separar el carácter ideológico de las proposiciones realizadas, ya que la determinación histórica de aquel carácter es la que me ha dirigido a ser críticamente consciente de las afirmaciones que se exponen.

De acuerdo con la doble intencionalidad señalada, he dividido la presente obra en ocho capítulos que, aunque se pueden leer separadamente, están interrelacionados por la dependencia narrativa de lo que se expone. En el primer capítulo hago un recorrido descriptivo sobre la actualidad de la EA en el mundo anglosajón, en América Latina y en

Europa. La EA, como política social, supone ser incluida en un proyecto público en el que la acción educativa y social se dirija a la creación de una ciudadanía democrática. También, en este primer capítulo, procedo a una serie de consideraciones del currículum y de la importancia de él respecto de la EA. A lo largo del capítulo segundo sitúo el trabajo dentro del campo científico, donde se incluyen las distintas aportaciones del trabajo. Hago explícitos tanto las cuestiones y problemas que ha de tratar la sociología curricular de la EA como la serie de valores, compromisos, premisas y supuestos de los que parte el ensayo. En el capítulo tercero trato de la institucionalización de la EA y de las disyuntivas que se derivan de ella. Caracterizo, defino y también expongo los principios que configuran la EA y que determinan el currículum. A través de las significaciones imaginarias sociales, en el capítulo cuarto, realizo una descripción histórica sobre la política curricular y del desarrollo de la EA. Tanto en este capítulo como en el anterior se aportan datos e informaciones que me permiten contextualizar el discurso desarrollado. Mediante las dimensiones del entorno social del curriculum y de los conceptos de cultura e ideología desarrollo, en los capítulos quinto y sexto, aquellos elementos, componentes y características que influyen y determinan la propia estructura del curriculum. Todas esas dimensiones me permiten, en el capítulo séptimo, sustentar una conceptualización del objeto pedagógico de la EA y de la estructura de su discurso pedagógico a través de: la estructura curricular, de los principios sociales y educativos de formalización curricular y del formato curricular; a partir de los cuales se fundamenta la especificidad del curriculum de la EA. Aporto y desarrollo unas claves conceptuales alrededor del curriculum de la EA y propongo el proceso de producción académica que aporta y muestra aquella especificidad. Por último, y como capítulo octavo, realizo algunas consideraciones referidas al curriculum democrático y la reconstrucción de la democracia.

La bibliografía, sin ánimo de ser exhaustiva, pretende ser algo más que un mero catálogo de títulos. Es, sobre todo, un acto de reconocimiento hacia todos aquellos autores, del pasado y del presente, con los que he mantenido un diálogo constante —y en algunos casos una franca discusión— y sin los cuales esta obra no hubiera sido posible.

Aunque es una obviedad, deseo recordar que todo trabajo no es fruto de una persona sola sino de conocimientos, ideas y afectos que se van compartiendo. En este sentido, deseo agradecer a Ana su paciencia y su estima. También deseo agradecer a Francisco Beltrán sus aportaciones, intuiciones y consideraciones; y en la misma medida a José Beltrán, sus observaciones y sugerencias. Y a los familiares y compañeros, la motivación y apoyo personal que me han dispensado.

Agustí Pascual Cabo

CAPÍTULO PRIMERO

Naturaleza política del currículum de la EA

A lo largo del capítulo tratamos de describir, aunque necesariamente de manera resumida, los problemas, los temas y las cuestiones que aparecen en los discursos de la EA y en el currículum. Nuestra intención es situar el trabajo que desarrollamos dentro de las perspectivas contemporáneas en las cuales queda enmarcado. Al mismo tiempo, este marco nos sirve para anticipar algunos de los apartados y enfoques que desarrollaremos a lo largo del ensayo.

Para empezar, destacaremos como rasgo característico tanto de la EA como del currículum su carácter político el cual procede de la propia naturaleza política de la educación. En este sentido la obra de Freire es un referente obligado para un análisis de esta naturaleza. Así mismo, dentro del campo del currículum, autores como Beyer (1988) y Apple (1986, 1987, 1989, 1996) afirman el carácter político del currículum, insistiendo en que las cuestiones éticas y políticas sobre los contenidos de la enseñanza se han subordinado a los intentos de definir métodos técnicos para resolver los problemas de forma definitiva. En el ámbito de la EA y en el área del currículum, las decisiones que se adoptan están determinadas por las coordenadas socioeconómicas, culturales e intelectuales en las cuales se destaca el componente político que las comunica. Es por eso, que partimos en todo momento de la naturaleza política de la educación como supuesto ya que, enlazando la EA y el currículum:

> «El problema fundamental, de naturaleza política, está coloreado por tintes ideológicos, a saber, quién elige los contenidos, a favor de quién y de qué estará su enseñanza, contra quién, a favor de qué, contra qué. Qué papel les corresponde a los educandos en la organización programática de los contenidos; cuál

es el papel, en otro nivel, de los y las que en las bases –cocineras, porteros, cuidadores– están involucrados en la práctica educativa de la escuela; cuál es el papel de las familias, de las organizaciones sociales, de la comunidad local» (Freire, 1993:105).

El currículum no es ninguna zona neutra, sino todo lo contrario, es un campo de contradicciones, luchas, discusiónes, reflexiones… dentro de un espacio sociocultural. El discurso que considera el currículum como una tarea y competencia de especialistas, y en el que los conocimientos son apolíticos, no ideológicos, presupone una manera de esconder y de secuestrar un debate educativo de democracia política. Democratizar el poder es también participar en la construcción discursiva de los conocimientos, es pasar de los conocimientos no formales (los de la experiencia vivida) a los conocimientos formales o académicos (los científicos, los racionales y los críticos), tal y como desarrollaremos en el capítulo siete. Pero también partimos de la premisa, según la cual la EA es un objeto de la política social a pesar de que ni la EA ni la política social se prestan a una definición exacta. En este sentido, la EA puede dirigirse hacia objetivos de política social: creación de una ciudadanía, búsqueda de un bienestar social, igualdad de oportunidades, redistribución, justicia…

Aún reconociendo la artificiosidad de la separación entre EA y el currículum, y para ofrecer una visión lo más clara posible y no mezclar ambos continuamente, exponemos en el punto uno unas delimitaciones sobre la actualidad de la EA, en el punto dos unas consideraciones acerca del currículum y en el punto tres unas conclusiones sobre ambos. La descripción que realizamos no pretende ser exhaustiva, ya que superaría el objeto de este trabajo, sino que pretende aproximarnos al panorama internacional de los dos campos de estudio.

1. Delimitaciones sobre la actualidad de la EA

En el mundo anglosajón la interpretación de los fenómenos sociales ha dado paso a una clasificación de la EA en dos corrientes de pensamiento: la EA liberal (*Liberal Adult Education*) y la EA radical (*Radical Adult Education*). De una manera global, la liberal sitúa la educación en el cliente y en el orden social; la radical, en cambio, propone cambios sociales para la acción educativa de y en los movimientos sociales. Si bien la distinción entre un tipo de educación y otro puede resultar pertinente (Palazón y Sáez, 1994), a la hora de clasificar a los autores la tarea no sólo se complica sino que además resulta artificiosa y más que dudosa. Posiblemente, los mismos autores clasificados no estarían nada de acuerdo con su posición, así por ejemplo Jarvis (1989) considera la EA liberal como aquella que lleva la ideología liberal y la EA radical como aquella tipificada como «educación de iguales». Aunque muchos movimientos sociales se situarían en la EA radical, su práctica educativa podría considerarse como de lo más liberal.

Por otra parte, partiendo de la clasificación de la sociología en dos tipos, una sociología del sistema social y otra de la acción social, Jarvis (1989) llega a distinguir dos tipos de educación: «la educación desde arriba» y «la educación de iguales». Desde el primer tipo se asume un currículum «clásico» y desde el segundo uno «romántico». La importancia del currículum clásico reside en el sistema social donde el sujeto se prepara para adaptarse a él; en cambio, desde el romántico, el sujeto es un agente que puede actuar en la sociedad. Pero si esta distinción tiene una importante significación es porque nos permite darnos cuenta que, en la distinción que realiza Knowles (1970), entre *pedagogía* y *andragogía*, lo que hace realmente es referirse a un tipo determinado de currículum. Atendiendo a sus postulados podríamos afirmar que une la pedagogía al currículum clásico y la andragogía al currículum romántico. La oposición entre los términos pedagogía y andragogía proviene del deseo de considerar la disparidad de objetivos educativos, unos para niños y niñas y otros para personas adultas, y la especificidad de las características de las personas adultas y sus situaciones vividas; pero la andragogía «(...) aparece mucho más como una aspiración que como un cuerpo doctrinario o metodológico en vías de elaboración. En otras palabras, la oposición entre andragogía y pedagogía pertenece más al campo de la opinión que no al de la actividad científica o aun empírica» (Léon, 1982:142) y aunque ha sido un término muy polémico y debatido, sobre todo desde el campo de la psicología de la EA en los EE.UU. y en Gran Bretaña (Brockett y Hiemstra, 1993; Mezirow, 1991; Brookfield, 1987; Tennant, 1991), no consideramos que sea una cuestión relevante para el trabajo, ya que como expone Griffin (1983:6) la andragogía representa el individualismo más extremo y «(...) las funciones sociales de la educación de personas adultas se circunscriben a la suma de las finalidades de los aprendizajes individuales». La andragogía podría ser comparada, desde su oposición más extrema, a aquella concepción pedagógica más próxima a la realidad de la EA contemporánea, en la cual se reduce la EA a la versión escolarizada del resto del sistema educativo. Una y otra concepción producen unos enfoques distorsionados de la EA porque no tienen en consideración ni las características ni las particularidades de este ámbito educativo.

1.1. La Educación Popular en América Latina

El panorama cambia sustancialmente cuando desplazamos nuestro punto de mira hacia otra región del planeta. Así, en América Latina la EA alude a las actividades del sistema formal, las cuales están en relación con el origen social de la población y por tanto con los problemas que subyacen a la hora de definir la persona adulta en una determinada sociedad. De aquí que la EA se identifique con el concepto de educación popular. Cabe recordar que la escolaridad formal de América Latina está en una situación diferente a la de los países europeos o de América del Norte. La expresión «persona adulta» es sustituida por la de «popular» como consecuencia del *origen y de la realidad social*. No podemos olvidar que «el análisis de la situación actual evidencia que en los 80, América Latina es la región que tiene mayor incremento relativo de pobreza» (Brusilovsky, 1995:39), considerada ésta como la *falta de acceso* a los bienes y servicios básicos (vivienda, agua potable, desagües, educación…). Frente a una realidad de desigualdad y de injusticia sociales la educación no es inmune y así los bajos niveles de escolarización no se traducen en necesidad y es que el binomio costiano despensa-escuela está en completa dependencia. La educación popular es considerada como un trabajo social vinculado con dos prácticas: una relacionada con el trabajo y las necesidades básicas del mercado y la otra conectada con proyectos de democratización social. En consecuencia, el tipo de currículum y la cuestión referida a la participación social son temas intrínsecamente ligados a las dos prácticas, si bien la primera ha sido la predominante (Chaparro, 1986). La política de la economía capitalista y los ajustes estructurales que se realizan hacen que básicamente los enfoques en los diferentes países sigan los mismos pasos.

Por otra parte, se hace indispensable mencionar las experiencias de alfabetización cubanas y nicaragüenses, que tanta influencia han tenido en el profesorado español y que han sido un punto de referencia importante, tanto por lo que respecta a los análisis sociales como a los aspectos de metodología didáctica.

1.2. Diferentes lecturas para una misma realidad de la EA en los EE.UU.

Especial atención merece el mapa de la EA que se presenta en los EE.UU. Nos detenemos en las aportaciones de algunos de los autores más relevantes por su influencia en otros países. Así, Collins (1995) plantea la reflexión sobre si la EA ha de constituir un campo de estudio específico y si es posible llegar a una teoría amplia de la EA. Considera que las tradiciones críticas (la teoría crítica, el feminismo, la posmodernidad) ofrecen medios para desarrollar análisis y estrategias que son realmente prácticos para la EA. Su perspectiva implica que, para ser verdaderamente prácticos, los educadores de la EA deberían orientar a las personas, desde una concepción ética, para llegar hasta una «buena vida». Critica el profesionalismo de la EA por institucionalizarse y lo identifica con la racionalidad técnica. Con esta visión profesionalizadora da a entender un determinado estereotipo de una mala práctica de la EA, es por eso que se muestra en contra de la instrucción basada en competencias y de la ideología del aprendizaje autodirigido. Por contra, considera que la EA avanzará cuando el educador llegue a ser agencia, a la manera que explica Griffin.

Desde una posición posmoderna, Plumb (1995) hace referencia al mundo que estamos viviendo y en el cual muchas de las asunciones de la teoría crítica, respecto de la EA, ya no pueden continuar siéndolo. Su argumento principal es que la EA crítica ha sido fundamentada en una «visión modernista de la cultura» y que la EA crítica posmodernista puede considerarse como un proyecto contrahegemónico y en el que la cultura se produce mediante la contestación a las normas y los valores imperantes en la sociedad. Plumb nos induce a cuestionar, interrogar los brillos, escondites, grietas de la cultura; propone que nos aseguremos que los actos específicos de resistencia no formen parte de las dimensiones más complejas y oscuras del control social.

Considerado un educador de personas adultas que se inspira en las ideas de Dewey, de Lindeman y de Horton, Mezirow (1990, 1991, 1994, 1995) insiste en que la educación crítica también tiene su tradición americana. Su teoría está basada en la obra de Habermas, sobre todo en relación a la competencia comunicativa. Su concepción de los profesionales de la EA se ajusta a la educación crítica, en la cual éstos comprenden cómo las personas adultas aprenden, cómo es necesario ayudarles a aprender y cómo es básico aprender con ellos. Para Mezirow el proceso de aprendizaje de las personas adultas tiene que ver esencialmente con la reflexión crítica, con el discurso racional y con la acción reflexiva. Facilitar el aprendizaje significa fomentar la reflexión crítica y el discurso y la acción reflexiva.

Desde la teoría transformativa de Mezirow, se afirma que es imprescindible considerar las circunstancias materiales e ideológicas que restringen el desarrollo del aprendizaje emancipador. Esta teoría sobre el aprendizaje es considerada como la más relevante dentro del contexto de la práctica y la investigación de la EA moderna en los EE.UU. Su relación con la teoría crítica reside no en el deseo de comprender procesos de aprendizaje colectivos, sino en el de comprender las condiciones sociales y culturales que afectan la transformación del individuo. Pero la teoría transformativa del aprendizaje no es una teoría social, aunque evidencia que los conflictos comunicativos tienen su origen en las relaciones desiguales de poder. No hay un interés en analizar y explorar las estructuras de poder, el capitalismo, el racismo, la modernidad, la posmodernidad; sin embargo ofrece una teoría psicológica de la EA interesante.

También para Welton (1995), Habermas es el principal teórico que ha influido en la literatura de la EA más reciente. Su argumentación más importante señala que la tradición de la teoría crítica, de Marx a Habermas, tiene mucho que enseñarnos en la EA y que está en un proceso de desarrollo. Para Welton, la tarea fundamental de la EA es la defensa del «mundo de la vida» (*lifeworld*) y el fomento de la acción comunicativa.

Las diferencias entre Welton y Mezirow se fundamentan en una concepción diferente respecto de la construcción del significado. Welton no considera la tendencia de Mezirow de aislar al «individuo» de la «estructura». Según Welton las teorías sociales se posicionan a lo largo de un *continuum* entre dos polos: la estructura (objetivismo) y la agencia (subjetivismo), los cuales intentan comprender los conceptos de «significado» y «formas de conciencia». El énfasis de Mezirow, sobre la agencia y la reflexibilidad, lo coloca en el subjetivismo, mientras que Welton se encuentra más próximo a la otra parte del polo. La pretensión de Welton no es la de disolver la subjetividad en la estructura, sino la de llegar a la constitución del significado de la vida, y a su transformación mediante la conceptualización de esa estructura, y por eso se apoya en Giddens. Las estructuras crean y constriñen simultáneamente. El significado es construido y cuestionado dentro de los contextos de la vida social.

Por otra parte, el sexismo y el racismo son para Hart (1995) los males endémicos de la vida cotidiana en el capitalismo. Estas tendencias impiden que las personas actúen colectivamente de acuerdo con sus intereses. Propone un cambio revolucionario en las instituciones, en la misma línea argumentativa que Halliday (1995), en las organizaciones políticas y en la conciencia de la clase trabajadora, lo que comporta resistencias de nivel ideológico. Considera el lugar del trabajo y la familia como contextos de la pedagogía emancipadora, en este sentido es importante que la EA comprenda el mundo real y las luchas verdaderas. Su visión de la EA es mucho más amplia porque considera la teoría de la educación en un contexto social más amplio. Se aleja de una EA constreñida en el contexto educativo y de la historia de la EA profesionalizada o institucionalizada. Nos hace reflexionar sobre la producción del conocimiento: ¿el conocimiento de qué?, ¿de qué tipo de conocimiento estamos hablando? Para Hart, tradicionalmente la EA se ha centrado en «el aprendizaje de la persona adulta» apoyada por la psicología cognitiva y estancada en la andragogía y en el aprendizaje autodirigido, los cuales se posicionan dentro de una «neutralidad ideológica». Nos aproxima a una reflexión crítica sobre la facilidad con la que los posmodernistas celebran la heterogeneidad y la diferencia sin trascender éstas y reconocer las relaciones de poder tejidas desde la diferencia. Reconocer las relaciones de poder implica la imposibilidad de permanecer políticamente neutrales.

Tal y como demuestra Courtney (1992), una de las evidencias más persistentes en la literatura de la EA es la fuerte relación entre los niveles de escolarización formal y el compromiso posterior con la educación postsecundaria. Analiza cuál es la motivación que induce a las mujeres y a los hombres a participar en las actividades organizadas desde la EA. Parte de una concepción de participación social y de sus implicaciones para reinterpretar el aprendizaje de las personas adultas como un compromiso con ellas mismas o con su comunidad. Aquellas personas que se aprovechan de actividades de la EA tienden a ser las que ya han conseguido niveles significativos de escolarización temprana. Pero este descubrimiento, basado en otras investigaciones norteamericanas, está en la línea de las investigaciones sociológicas (Bourdieu, 1991; Franchi, 1988; Willis, 1988) según las cuales los niveles académicos de los padres, el ambiente familiar, las experiencias educativas y en definitiva la propia cultura de clase son las que determinan la posterior participación en actividades educativas, como son las de la EA.

El escolarismo de la EA no es una cuestión local, regional o estatal, sino un problema internacional de la política de la EA ya que los centros o lugares donde se desarrollan actividades de EA copian o imitan la educación formal tanto con respecto al continente como a aquello que es más grave, el contenido, es decir, los conocimientos. La EA se convierte en la mediadora entre la cultura y la cualificación profesional, la solución compensatoria de las disfunciones de los sistemas educativos. Las investigaciones respecto a la participación en actividades de la EA en los EE.UU. se refieren más a los efectos que a las causas, siguiendo una línea «funcionalista» que ve la EA más concretamente como la solución a los agotadores trabajos o a la insatisfacción en ellos. Las personas no vuelven al colegio a aprender capacidades o habilidades necesarias para el trabajo, sino en busca de un cierto orden de vida, en el cual el conocimiento está organizado en un *continuum* racional. En este *continuum* las verdades científicas y técnicas son los recursos para el conocimiento verdadero y donde el falso supuesto de las «capacidades» dan a la persona el «éxito» y el «lugar» en la sociedad.

Respecto del autoaprendizaje, la obra de Brockett y Hiemstra (1993) es todo un referente ya que lo trata como una forma de vida, como un objetivo de autoeducación y de responsabilidad delante del propio aprendizaje. Como admiten los propios autores, parten de una orientación basada en la psicología humanística (Maslow y Rogers), en las influencias conductistas y neoconductistas así como en la teoría de la transformación de Mezirow. Frente a la controversia o dilemas en el campo de la EA referidas a si el énfasis primordial de la actividad ha de ponerse en el estudiante individual o en el conjunto de la sociedad –si bien admitiendo la falsa dicotomía– consideran que el sujeto es el punto de partida. Basan su creencia en las características de las personas autorrealizadas propuestas por Maslow. Las estrategias para mejorar la autodirección del estudiante son según los autores: facilitar la reflexión crítica, fomentar el pensamiento racional y utilizar los facultadores de ayuda en el proceso de facilitación. La autodirección en el aprendizaje está extendiéndose a diversos ámbitos institucionales de actuación de la EA en Norteamérica (O'Malley y Chamot, 1990), aunque también en Europa y en el resto de países. Vale la pena hacer una consideración por lo que se refiere a nuestro contexto, ya que la autodirección en el aprendizaje tiene su expresión básica en la modalidad a distancia de la EA. Se ha desarrollado paralelamente a la EA «presencial» y está adquiriendo una extraordinaria difusión. En este sentido consideramos sumamente interesante la cuarta propuesta, dentro de las diez directrices del Libro blanco de la educación de adultos (Fernández,1986) en España, que dice en el apartado c): «Articular las dos modalidades de educación de adultos (presencial y a distancia) sin que constituyan redes separadas (...)» (pág. 284). Igual que la gran mayoría de las otras recomendaciones, se ha quedado en «papel mojado» y la política y prácticas de la EA (F. Beltrán y J. Beltrán, 1996) no han hecho lo suficiente para articular las dos modalidades.

1.3. La Educación de Personas Adultas en Europa

Encontramos algunas variables diferentes cuando nos iniciamos en la actualidad de la EA en Europa. Aunque no nos basamos en autores, destacamos la necesidad de reivindicar el pensamiento y las reflexiones de Raymond Williams (McIcroy, J. y Westwood, 1993) y sus experiencias en el campo de la EA.

La EA es considerada como un enfoque teórico y práctico para el desarrollo de programas de intervención social y el desarrollo de las comunidades locales. Cualquier sujeto, por el simple hecho de ser social es, respecto de alguna cosa, *analfabeto* aunque para otras sea un completo conocedor o experto. La dualidad educador-educando, culto-ignorante, son dimensiones del propio ser humano como agente de la educación. Las definiciones sobre analfabetismo son tan variadas como su público; la manera de designarlas es mediante un nivel de conocimientos pero, en cualquier caso, éstos están en relación con el modo de vida y sólo se pueden comprender desde criterios socioeconómicos y políticos externos al sujeto como individuo. La propia palabra «alfabetización» implica grandes dificultades, no sólo para definirla (Ramírez Garrido, 1995), sino aún más para detectar quién está alfabetizado, quién es neolector, quién es iletrado, quién es analfabeto funcional... En cualquier caso aceptamos la concepción desarrollada en la investigación *Habilidades básicas de la población. Alfabetización funcional en España*, dirigida por Flecha (BOE 10-02-92) según la cual: «muchos colectivos van a propugnar (...) que se pida a las instituciones que dejen de ver a las personas necesitadas de alfabetización como seres incultos y con deficiencias cognitivas, ya que esta visión negativa es una causa más de la exclusión cultural que dice estudiar, además de enfrentarse a todas las investigaciones actuales del aprendizaje adulto y la inteligencia práctica.» (pág. 7)

El baile de números es constante en todos los países. No obstante, en una «sociedad industrial» como la de los EE.UU. es significativo que la tercera parte de la población no pueda leer (Kozol, 1990). Podemos añadir a esta afirmación la conclusión de la investigadora belga Sterq (1993) cuando expone que «(...) nuestros datos confirman que si bien el analfabetismo no es obstáculo para ocupar un lugar de trabajo, frecuentemente constituye un obstáculo para encontrar una ocupación» (pág. 56). La EA forma parte de un proyecto social, del conjunto de políticas que lo conforman y lo sustentan. No podemos obviar los cambios en las estructuras de producción y de las relaciones sociales en la globalización de la economía, en los medios de comunicación, los cuales implican cambios en las formaciones laborales, en el aumento de las acreditaciones, en la historia educativa y curricular. Se hace inexcusable compatibilizar la educación y el trabajo, los cuales son procesos que se han de incluir en un *continuum*. Si tan importante es la adquisición de conocimientos también lo es tener un trabajo. La EA no ha de ser una condición previa para el trabajo, sino una consecuencia. No es posible «continuar separando la formación del trabajador, del ciudadano y del ser humano» (Gelpi, 1995).

En el ámbito del tratado de la Unión Europea se analiza y se desarrolla la concepción de la EA, justificándola desde la superación de la falta de oportunidades en el acceso a los bienes y servicios culturales y para responder a la evolución de las transformaciones socioculturales y económicas de la sociedad del conocimiento. El acceso a los conocimientos y a la EA se basa en la «(...) necesidad de transformación permanente de las cualificaciones requeridas para la producción de calidad y para las ofertas de trabajo por lo que es necesario la accesibilidad a sistemas flexibles y diversificados de educación y formación del capital humano de la Comunidad (...)» (punto cuatro de la III Conferencia Europea, 1995). Pero además, destacamos la perspectiva integradora de elementos históricos, sociales, culturales y económicos que explícitamente destacan como proyecto europeo para fomentar los «valores democráticos y de la tolerancia, la lucha contra la discriminación y la xenofóbia, y la mejora de la comunidad que posibilita el mayor conocimiento de las lenguas» (punto dieciséis de la III Conferencia Europea, 1995). Por último, en el punto diecisiete, se propugna el intercambio de experiencias y prácticas innovadoras, la coordinación de proyectos en EA para todo el ámbito europeo y diseños flexibles que respondan a las evaluaciones y que permita «el aprovechamiento de sistemas informales de educación y reinserción profesional y de socialización». Estas declaraciones de intenciones provienen de una concepción de la EA que, como dice Federighi (1993, 1995), es bastante unificada en la Unión Europea y con tres funciones básicas: la de proporcionar conocimientos para que las personas se adapten a los cambios tecnológicos, la de proporcionar medios educativos para «combatir» los procesos de exclusión social producidos por el desarrollo económico y la de contribuir al desarrollo de la producción, del mercado y a la creación de nuevas formas de trabajo.

Pero, tal y como reconocen Federighi y Gelpi, la orientación política de la EA en Europa, y añadiríamos en los otros continentes, está marcada por los ajustes estructurales que se toman en el «Grupo de los siete grandes», «el Banco Mundial» y el «Fondo Monetario Internacional». La perspectiva sobre la política social de la EA requiere una aproximación analítica al papel del Estado, al sistema educativo, a la división del trabajo y a las clases sociales. Las concepciones de la educación no pasan por las declaraciones de intenciones sino que son consecuencia de aquellos ajustes estructurales, es decir, ni las decisiones ni las finalidades educativas se toman en un proceso democrático sino en las «sedes» y salvaguardas del sistema de economía capitalista. «(...) hoy en día en Europa ha sido importante desde EE.UU. y Japón (...)» la «venta» del «autoaprendizaje» (Prado, 1995:7) e igual que la educación a distancia son una manera de reducir «costos» del sistema educativo (educación formal) y una manera de organizar la educación permanente bajo el falso supuesto de la eficacia: virtud de las nuevas tecnologías en las que la persona adulta es el consumidor y la EA el producto. Las intenciones no son la realidad, ésta es necesario releerla y cuestionarla. Según Federighi las diferencias entre las posibilidades de participación en EA de una persona del norte de Europa y otra del sur son de una a veinte, a favor de las del norte. También realiza una consideración bastante negativa de los países del sur de Europa ya que en lugar de utilizar los recursos europeos para fomentar la EA, tal y como se propuso, se han dedicado a la formación ocupacional y así suavizar y evitar cualquier conflictividad social.

Como ha demostrado Gelpi (1995), las legislaciones y las políticas de la EA en el ámbito internacional no se han preocupado por la «ciudadanía democrática», más bien, como comentamos anteriormente, aquéllas son el resultado de las transformaciones de los sistemas productivos y del papel de las instituciones dentro del Estado. En los últimos años, y muy probablemente en el futuro, la perspectiva de la formación profesional será la que primará sobre los otros ámbitos educativos.

1.4. La Educación de Personas Adultas como política social

Los inicios sobre la política social de la EA se asocian a las políticas de reconstrucción después de la Primera y Segunda Guerra Mundial. Así, después de la primera aparece el «Informe de 1919» del Comité de la EA del Ministerio Británico de Reconstrucción, con el sugerente título de «Un diseño para la democracia», en el que se recogen los principios filosóficos y sociales que se habían desarrollado anteriormente sobre la democracia. El informe entendía por educación los esfuerzos deliberados de las personas para satisfacer las necesidades de conocimientos, con la finalidad de estar preparadas para sus responsabilidades como ciudadanos en la sociedad. Se insistía en una concepción de la EA con la finalidad de previsión educativa de la comunidad democrática; es decir, de poner las raíces de una ciudadanía y un mejor orden social. Es por ello que se recogen los principios de libertad, solidaridad, igualdad y ciudadanía que, junto a una visión equilibrada de las relaciones con el mercado, el cual no se cuestiona, fomentan lo que se conoce con el nombre del Estado de Bienestar.

Después de la Segunda Guerra Mundial, el Acta de Educación de 1944 en Gran Bretaña declara el aprovechamiento de la educación más allá de la edad obligatoria de escolarización. La EA como política social se desarrolla como el modelo de la «ciudadanía democrática», así la idea de la educación permanente se convierte en el resultado del principio de ciudadanía.

Las políticas sociales se desarrollan cuando hay un proyecto de comunidad en todos los sentidos: en lo educativo, en lo social, en lo económico, este último respecto a la distribución de poderes institucionales. Cualquier análisis de la EA como forma de política social depende de cómo se analice la política social en ella misma. Cuando se habla de política se suele entender la política económica y de ocupación y en cambio la salud, la administración, la educación, la seguridad social, la vivienda, el bienestar, la justicia… se consideran *servicios* que no tienen política; eso no es un simple error sino que comporta considerar el «mercado» como el regulador político del Estado de Derecho y, como consecuencia, lo social deja paso a la agregación de lo individual.

Recuperar una concepción de política social como una política pública es cuestionar y pensar sobre las diferentes concepciones que pueden coexistir desde alternativas ideológicas distintas, y equiparar en importancia las políticas globales o sectoriales en tanto que suponen una toma de decisiones que afectan a la ciudadanía.

Muchas de las teorías de la educación, y en concreto de la EA, se derivan de las «disciplinas académicas»: psicología, pedagogía, filosofía, sociología, historia... De aquí que una de las aportaciones fundamentales de Griffin, que recogemos y pretendemos ampliar con el presente trabajo, haya sido aproximarnos a la política social como una materia interdisciplinar y considerar que aquellas disciplinas son una causa y efecto de ésta. Las políticas curriculares tienen relación con aquellas otras políticas sociales y concretamente con las metas que se han marcado. Si por ejemplo analizamos los objetivos, las intenciones, los resultados y los valores podemos darnos cuenta tanto de las ideologías implícitas de la política como de las significaciones filosóficas y educativas que subyacen. Si bien estas ideas se aplican o se pueden aplicar al análisis de la escolarización, la EA es un ámbito educativo privilegiado en tanto que no han sido tan sistematizadas institucionalmente sus experiencias y actividades.

Los modelos de la EA como política social están cada vez más dirigidos a los problemas socioeconómicos de las sociedades capitalistas. La evocación del concepto de crisis económica es una constante que llega a todos los ámbitos sociales y hace de ella una institucionalización; y como dice Franchi (1988:62): «crisis, uso de la crisis, reestructuración y desarrollo de nuevas crisis es precisamente la cadena que nos ha enseñado la teoría y la política keinesiana y neo-keinesiana». La concepción de una educación permanente en función del mercado internacional (valor de cambio) es una creación política de la Unión Europea en plena vigencia.

«La capacidad de la Unión para hacer frente a sus *competidores internacionales* depende en gran parte de que se *desarrolle y se invierta* en el principal recurso: las personas, sus conocimientos, capacidades y creatividades. En el mundo actual no es suficiente terminar la educación secundaria o superior con buenas calificaciones. Se calcula que el 80% de la tecnología de hoy quedará obsoleta a finales de siglo. La gente necesita tener acceso a una educación continuada, un tema que se ha querido destacar en 1996, Año de la educación y formación permanente» (la cursiva es nuestra) (Comisión Europea, 1995).

Del posible valor social que es necesario dar a la educación permanente como una categoría necesaria para el desarrollo personal y colectivo, en el cual la participación educativa sea elemento articulador de los principios de justicia, se ha pasado o mejor dicho se han mantenido los principios de la teoría del «capital humano», según la cual la inversión en educación está en función de la producción económica del sistema capitalista. Se invierte en educación como medio de producir beneficios.

La aportación marxista y neomarxista a la política social de la EA la encontramos en su crítica a la ideología burguesa y al modelo liberal y neoconservador, que mantiene «despolitizados» los valores centrales del socialismo: libertad, igualdad, fraternidad, justicia sociales... La naturaleza dialéctica, y por tanto materialista, entre la estructura económica y la superestructura ideológica permite y son la base para el análisis de la política social. Las contradicciones más evidentes se han convertido en normalidades cotidianas, como es el caso de la falta de ocupación o también el análisis de Willis (1986, 1988) sobre la aceptación libre del papel subordinado de la clase obrera. Como dice Griffin (1987:106-107): «los orígenes de la crisis actual de la educación residen no en los efectos del rápido cambio tecnológico sino en las contradicciones del sistema capitalista en el mismo». Ello nos ha conducido a que las tendencias y las teorías de la EA se decantan hacia la práctica y lo prescriptivo más que hacia lo analítico. Desde el educador de adultos se está más pendiente de explicar la base del aprendizaje de las personas adultas, de la búsqueda de las estrategias de aprendizaje, de resolver los casos particulares de tutoría, que de realizar análisis, comprender o cuestionar las prácticas que se realizan. Si por una parte se critica el tratamiento escolarizador de la EA, por otra se imitan o se realizan correspondencias organizativas que rutinizan la EA, convirtiéndola en una escuela para mayores. Muchas de las iniciativas contemporáneas no son realmente alternativas «radicales» sino «distintas extensiones de la ideología liberal que prevalecen en educación de adultos» (Lovett, 1988:161).

La EA ha sido y es tratada como el «primo pobre» del sistema educativo (aportaciones económicas, análisis, desarrollo teórico...). Lo cual en términos de política social no es cierto, es por eso que desde el campo del análisis político hay una mayor comprensividad respecto a la formulación y potencial de este ámbito. Pensemos en la visión de una participación ciudadana, con el acceso a nuevas oportunidades educativas, con la formación para el trabajo, con la formación permanente, con políticas no discriminatorias por razones de género, étnia o clase... de aquí la potencialidad del debate político sobre estos temas. Pero este debate ha quedado reducido a un contexto más profesional que no público en general, y el discurso ha quedado restringido a cuestiones conceptuales y fundamentalmente prescriptivas.

2. Consideraciones respecto del currículum

Tal y como posteriormente afirmamos, el significado del currículum es multidimensional y depende de la caracterización que se realice respecto a las finalidades internas (práctica-teoría) y finalidades externas (educación-sociedad) de la educación. Cualquier cambio de enfoque o perspectiva sobre la práctica o reflexión de las realidades educativas provoca un cambio de significación del currículum. La complejidad del currículum proviene de los ámbitos que lo cruzan (Gimeno, 1991): la función social de la educación, el proyecto o plan educativo, la expresión formal y material del proyecto bajo diferentes formatos, el campo de la práctica educativa y la actividad discursiva, académica e investigadora sobre estos temas. Las teorías del currículum se pueden considerar como metateorías sobre cómo se estructuran y piensan aquellos ámbitos y significados del currículum, el cual se configura como un *marco ordenador de la realidad educativa*.

La teoría del currículum de la EA proporciona modelos de comprensión sobre los contextos donde se inserta la realidad de la EA. Por eso, tal y como desarrollamos en los próximos capítulos, el currículum lo planteamos como un problema social, sometido a los distintos determinantes que lo configuran, a la propia organización social y a los ámbitos prácticos en los cuales se elabora y se desarrolla.

Siguiendo las diferentes definiciones del currículum que se han realizado, Salinas (1995) las clasifica en tres perspectivas:

1. El currículum centrado en establecer cuáles son los caminos para alcanzar los objetivos planificados (Inlow, Neagley y Evans, Hirst). Se desarrolla una teoría curricular que se centra en cómo establecer y organizar los medios para llegar a los objetivos prescritos.

2. El currículum centrado en lo que pasa en la escuela (Oliver, Johnson, Musgrove, Saylor y Alexander). En este caso la teoría curricular se sitúa en los problemas de la enseñanza que existen en contextos específicos.

3. Currículum que relaciona «lo que sucede» en la escuela con la racionalidad (Pérez, Sthenhouse, Lundgren). La teoría del currículum que subyace desde esta perspectiva se dirige a mejorar la enseñanza desde la comprensión de la complejidad social. Esta perspectiva coincidiría con la última de las orientaciones curriculares descritas por Gimeno (1991), el currículum configurador de la práctica.

Si situamos el nacimiento de la teoría curricular a principios de los años veinte podemos considerar que su historia es relativa. Sin embargo, la amplitud temática del área y los enfoques disciplinares e interdisciplinares son tan abundantes que sería improcedente, por innecesario, tratarlos aquí, ya que es cuestión de un trabajo específico de investigación. No obstante, hacemos algunas referencias que consideramos pertinentes.

La publicación de la obra: «*La enseñanza: su teoría y su práctica*» de Gimeno y Pérez (1989) a principios de los años ochenta marcó un punto de partida respecto a la investigación del currículum en España, al igual que la obra traducida de Stenhouse (1984, 1987) y de Elliott (1986, 1990). La recopilación de traducciones y de artículos ha dado paso a una orientación y un debate respecto de la teoría curricular, aunque no hay una tradición de investigación sobre ella, y menos aún sobre el currículum de la EA. Los enfoques, los problemas y las perspectivas que desde el currículum se han generado ha sido tan abundantes que, si bien algunos son complementarios otros son opuestos y contradictorios. Intentar asumir una posición ecléctica que nos lleve a unificaciones y síntesis no tendría sentido, sobre todo porque pertenecen a concepciones diferentes sobre lo que les rodea. En este sentido el desarrollo de los marcos conceptuales que proponemos a lo largo de los capítulos siguientes nos permiten deliberar y tratar los problemas del currículum y terminar por dar forma a la naturaleza constitutiva del currículum de la EA. Sin embargo, intentamos también situar el trabajo dentro de las diferentes clasificaciones que sobre teoría del currículum se han realizado.

Las tres orientaciones de la teoría, investigación y práctica curriculares realizadas por Schubert (1986): a) tradicionalista intelectual, b) behaviorista social y c) de experiencia; ocupan un espacio tan amplio que admitiremos junto al propio autor que «es muy extraño encontrar un autor en el campo del currículum que responda puramente a una de estas orientaciones (...)» (pág. 14). Otra clasificación más compleja es la de Pinar (1989), en la cual identifica tres movimientos:

1. *Tradicionalistas*. Se incluyen en este movimiento Tyler, Taba, Alexander, D. y L. Tanner, Neil, Zais, Fantini, Jordan, Simon, Weinstein... así como sus precedentes Bobbit, Charters... Desde el análisis reconceptualista, aunque se admite que no hay unidad temática, se califican los trabajos de estos autores como al «servicio de los docentes», se piensa en la escuela, en el profesorado y en lo que ocurre en la vida escolar. La fina-

lidad del movimiento sería orientar y guiar el trabajo del profesorado desde posiciones institucionales.

2. *Empiristas conceptualistas.* Representantes de este movimiento son Schwab, Walker, Westbury, Johnson, Beauchamp... Se considera como el comienzo de este movimiento el artículo de Schwab (1989): «Un enfoque práctico como lenguaje para el currículum». En él se destacan tres afirmaciones: la primera, que el campo del currículum está moribundo; la segunda, que el currículum ha llegado a esta situación por la no cuestionada y errónea confianza en la teoría y la tercera, que habrá un renacimiento del campo curricular si este se aparta de los objetivos teóricos para orientarse hacia maneras de acción. Como dice Pinar (1989:234): «(...) es evidente la influencia de los colegas de las ciencias sociales de forma paralela a la ascendencia política de estas disciplinas en la universidad. De hecho, la investigación en educación es indivisible e inseparable en muchos casos de la investigación de las ciencias sociales». La educación no es considerada por ella misma como una disciplina, sino como un área para ser estudiada desde diferentes disciplinas de las ciencias sociales con sus métodos característicos.

3. *Reconceptualista.* También denominada «la nueva teoría del currículum» o «Humanista». Está constituida por un conjunto de trabajos con planteamientos de valores e intereses políticos. Los trabajos de Pinar, Huebner, Apple, Giroux, Mann, Whitty, Penna, Lawn... se incluyen dentro de este movimiento, cuyo órgano de difusión es el *Journal of Curriculum Theorizing*. Tienden a considerar la investigación como un acto tanto político como intelectual. Trabajan en favor de lo que está fuera de la subcultura académica, en este sentido resulta incluso popular la obra de Giroux (1981, 1990), quien afirma:

> «Lo que nosotros estamos defendiendo es orientar el estudio del currículum y la enseñanza de modo que se conviertan en algo central a la práctica de una política cultural basada en alianzas de cooperación entre grupos que luchan por diseñar una forma de vida. En realidad, creemos que esta práctica es *en sí misma educativa*. Constituye un foro educativo que rechaza las separaciones habituales entre teoría y práctica, dimensión objetiva y dimensión subjetiva, conocimiento y acción.» (1990:192).

Prácticamente desde finales de los años ochenta, y sobre todo a partir de los noventa, se ha comenzado un enfoque de historia social de la construcción del currículum a través de las obras de Goodson (1991, 1995) y de Popkewitz (1989, 1994). Este enfoque, calificado por

Goodson como constructivista, se inserta en el movimiento reconceptualista según el propio autor. Ahora bien, si consideramos las características del movimiento conceptualista según Pinar (1989), este tipo de obras se incluirían en el conceptualista y no en el reconceptualista.

Las clasificaciones están determinadas por la tradición e investigación curricular en diferentes países pero fundamentalmente por como se ha desarrollado la institución educativa. Sin embargo la obra llevada a cabo en los EE.UU. y en Gran Bretaña tiene un gran impacto en parte del pensamiento moderno del currículum, como es en el caso del Estado Español (AA.VV., 1995). Pero no hay que olvidar que «(...) las estrategias de planificación educativa en los EE.UU. difieren de las de la mayoría de los países europeos y de Australia. En los EE.UU., el currículum se ha utilizado como el principal medio de conseguir el cambio educativo, mientras que los planificadores de educación europeos y australianos se han concentrado en las reformas organizativas» (Lundgren, 1992:73). Como conclusión podemos afirmar que la interpretación, cuando no la utilización y conceptualización del currículum o de la teoría curricular, es necesario referirla a los propios contextos sociales y a su desarrollo.

Si hubiésemos de posicionarnos, de acuerdo con las aportaciones que se realizan desde este trabajo nos incluiríamos en la perspectiva reconceptualista crítica, sobre todo porque tratamos de comprender y analizar la complejidad social en la cual se inserta la EA. El problema de las definiciones y clasificaciones que sobre el currículum se realizan es que no están «en las diferencias semánticas, sino fundamentalmente en el conjunto de creencias y asunciones asociadas a las mismas, y que dan lugar a diferentes formas de entender y pensar sobre el currículum y la enseñanza, y también sobre el papel de la escuela delante de la cultura y la sociedad» (Salinas, 1995:28). Para cerrar estas consideraciones sobre los estudios del currículum, podríamos proponer que su cuestión central se sitúa entre las siguientes dicotomías:

- entre lo que se piensa sobre la educación y la realidad educativa (Sthenhouse, 1994);
- entre ámbitos que moldean el currículum y actividades curriculares, entre intenciones y prácticas (Gimeno, 1992);
- entre posibilidad y realidad (Salinas, 1995);
- entre teoría y práctica, y entre educación y sociedad (Kemmis, 1988);

- entre los sistemas educativos y los sociales (Schubert, 1986);
- entre lo manifiesto y lo oculto (Torres, 1991, Apple, 1986, Jackson, 1991, Giroux, 1990, 1993, Eggleston, 1980);
- entre un enfoque conceptual y un enfoque cultural (Grundy, 1991);
- entre el potencial universal transformador de la EA y el localismo de las disciplinas y las características del adulto (Griffin, 1983, 1987);
- entre principios y metas, entre directrices y prácticas, y entre intereses políticos y prácticos (Beltrán, F., 1991);
- entre la representación y la acción (Angulo, 1994) y
- entre el proceso y contexto de producción y el proceso y contexto de reproducción (Lundgren, 1992).

Podríamos añadir entre significado educativo (acción educativa) y significante de la realidad socioeconómica (acción social). Estas dicotomías, que se podrían alargar indefinidamente, pertenecen a una misma categoría dialéctica en la que una no tiene sentido sin la otra. Pensemos en la ilustración propuesta por Grundy (1991) entre un enfoque conceptual y un enfoque cultural del currículum. El conceptual corresponde a las bases y fundamentos que desde distintos parámetros el arquitecto, el delineante y el maestro de obras van pensando, diseñando, planificando y construyendo una casa. El enfoque conceptual del currículum se transformaría en un proyecto, en un plan que guía las acciones de la educación. La perspectiva cultural tendría que ver con las experiencias de las personas, con la cultura que las envuelve, con el concepto de vivienda que tienen. El enfoque cultural del currículum tiene que ver con las vivencias, experiencias académicas que son una consecuencia del proyecto, del plan diseñado anteriormente.

Así pues, el currículum tiene que ver con el pensamiento y con la acción; uno y otro, igual que las dicotomías, mantienen una relación dialéctica. Las personas se diferencian de los animales porque producen los instrumentos (cultura material e inmaterial) con los cuales transforman la naturaleza. Como decía Marx, la abeja puede construir los panales más impresionantes pero sólo la persona puede pensarlos antes y por tanto transformarlos. Tal y como afirmamos posteriormente, la praxis, que alude tanto a la acción como a la conciencia, conduce esta última para resolver las dicotomías dialécticas del pensamiento humano: teoría-práctica, reflexión-acción, subjetividad-objetividad, *doxa-episteme*… En otras palabras pensemos en la propia naturaleza dialéctica de la vida social e histórica de las personas.

En otros momentos, se podría decir que optamos por una posición tradicionalista intelectual, a la manera que explica Schubert, en tanto que consideramos el currículum de la EA atravesado por las diferentes disciplinas de las ciencias sociales, tal y como afirmamos en los capítulos siguientes. Como observa Gimeno (1991): «(…) las teorizaciones sobre el currículum que más han conseguido cambiar históricamente las perspectivas sobre la práctica educativa, son precisamente las más «inconcretas» (…) No ofrecen técnicas para gestionar el currículum pero aportan conceptos para pensar toda la práctica que a través de él y con él se expresa, y también para decidir sobre ella» (pág. 63). El currículum no ha de descuidar la naturaleza multidimensional de las investigaciones sociales, es por eso que adoptamos, en cierto sentido, una perspectiva conceptualista que, de acuerdo con nuestra concepción de la EA, tenga como referencia los valores, las ideas y las creencias de planteamientos sociopolíticos. La construcción teórica que desarrollamos trata de comprender y analizar las dinámicas institucionales de la educación que limitan y posibilitan las transformaciones en las propias estructuras socioeducativas.

Las novedades en la teoría curricular no han encontrado casi reflejo en el trabajo teórico sobre la EA. En el esfuerzo de distanciarse del escolarismo se ha caído bajo sus influencias. Lo que se enseña y aprende en los centros de EA es tan ideológicamente significante como lo que se realiza en los colegios.

Una teoría de la EA inevitablemente ha de tratar los estudios del currículum por la centralidad educacional de los conocimientos, la cultura, el poder… Pero el interés de los teóricos de la EA se ha decantado hacia el tratamiento de las características y estructuras para el aprendizaje adulto. El propósito central de la teoría curricular de la EA debería tender hacia el análisis de la institucionalización, el escolarismo de la EA y la cuestión sobre si la EA ha de reproducir o transformar las categorías conceptuales del currículum de acuerdo con los rasgos característicos de este ámbito educativo. Es así que «la necesidad de la teoría curricular de adultos y de la educación a lo largo de toda la vida surge en parte de la contradicción entre la escala de su potencial universal y el localismo que las "disciplinas de la educación" y "las características del adulto" plantean» (Griffin, 1983:201).

En términos curriculares, los modelos desarrollados no cuestionan la construcción del conocimiento de la escolaridad, ni tampoco suponen una transformación de esta categoría. Pensar el currículum de la EA como objeto de política social es considerarlo, además de una construcción académica, una construcción social, a la vez y en el mismo sentido que los propios conocimientos del currículum.

El proceso de enseñanza y aprendizaje se ha de sustentar en los contenidos, en las prácticas educativas que se hacen, en las relaciones comunicativas o dialógicas de cómo se trabajan y en la comprensión que sobre la realidad aportan. Tal y como dice Freire (1993), «nadie enseña lo que no sabe. Pero tampoco nadie, dentro de una perspectiva democrática, debería enseñar lo que sabe sin saber lo que saben, y en qué nivel, aquellos y aquellas a quienes va a enseñar lo que sabe» (pág. 125).

CAPÍTULO SEGUNDO

Sociología curricular de la EA

1. Precisiones sobre el término *conocimiento*

El conocimiento científico en las ciencias sociales, y en concreto en la EA, se caracteriza y se mediatiza por la naturaleza problemática de los fenómenos sociales y educativos que los envuelven. Además de la complejidad que supone un espacio de lucha como es el currículum, pensemos en cuál es su contenido y eso nos lleva a cuestiones como la de qué tipo de sociedad, qué cultura, qué sujetos... Las características que subyacen a la riqueza de posibilidades epistemológicas de la investigación de la EA por una parte, amplían en exceso los distintos campos de conocimiento científico; en otras palabras, existe una pluralidad de tratamiento desde diferentes disciplinas científicas, pero por otra nos llevan a delimitar el trabajo para poder realizar diferentes aportaciones a los campos, ámbitos o disciplinas en las cuales nos situamos.

Cuestionarnos el origen, el valor y el alcance de los *conocimientos en general* (valores, procedimientos, habilidades, actitudes...) si bien es un tema de la *gnoseología*, como campo de la filosofía que trata de si es posible el conocimiento, también ha de formar parte de las ciencias de la educación, en tanto que éstas tratan de responder a los *qué*, a los *cómo* y a los *por qué* transmitimos los conocimientos, es decir, responden a los *conocimientos didácticos*. Estos conocimientos por una parte presuponen, y por otra suponen una construcción (valoración y selección) y una distribución de los *conocimientos académicos o contenidos de conocimientos* (currículum) en los cuales, aspectos como la metodología, la organización, la especialización del profesorado y los fines implícitos de la educación los limitan, ya que reproducen las relaciones del contexto social o, por el contrario, facilitan nuevas pautas de construcción.

Esta construcción, distribución de conocimientos académicos o contenido del currículum es *el objeto de conocimiento del presente trabajo*. Lo que supone considerar cómo se construye, cómo se valora, cómo se selecciona y cómo se distribuye *socialmente* el conocimiento general, cuestión que se trata desde las diferentes sociologías (de la cultura, de la vida cotidiana, del conocimiento...); por eso el trabajo se sitúa en el campo de la sociología curricular de la EA. Gráficamente:

Figura 1

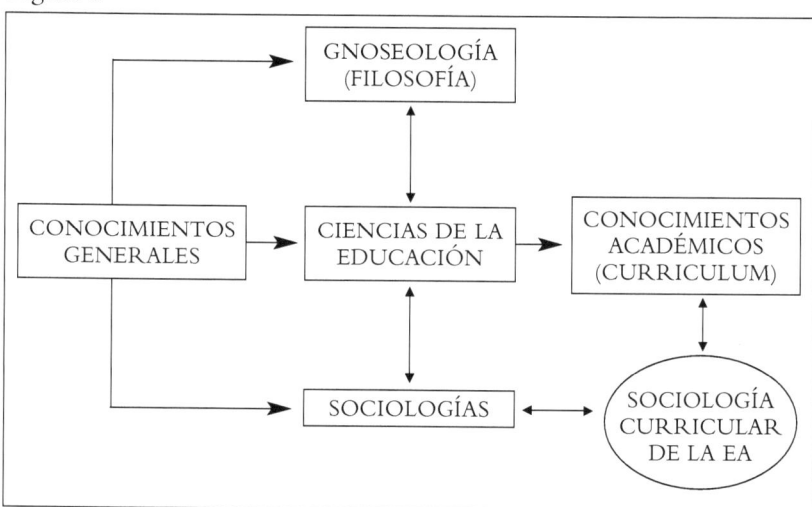

```
                    ┌──────────────────┐
            ┌──────▶│   GNOSEOLOGÍA    │
            │       │    (FILOSOFÍA)   │
            │       └──────────────────┘
            │                ▲
            │                ▼
┌───────────────┐   ┌──────────────┐   ┌──────────────────┐
│ CONOCIMIENTOS │──▶│ CIENCIAS DE LA│──▶│  CONOCIMIENTOS   │
│   GENERALES   │   │   EDUCACIÓN   │   │    ACADÉMICOS    │
└───────────────┘   └──────────────┘   │   (CURRICULUM)   │
            │                ▲         └──────────────────┘
            │                ▼                   ▲
            │       ┌──────────────┐             ▼
            └──────▶│  SOCIOLOGÍAS │◀──▶┌──────────────┐
                    └──────────────┘    │  SOCIOLOGÍA  │
                                        │  CURRICULAR  │
                                        │   DE LA EA   │
                                        └──────────────┘
```

La caracterización conceptual, aunque pueda dar la impresión de dispersa por la cantidad de conceptos, tiene como finalidad, dentro de la teoría curricular, responder a las cuestiones que le son propias, es decir, analizar las construcciones y condiciones socioeducativas para llegar a fundamentar la especificidad curricular de la EA. No tratamos de dar una explicación científica de los hechos educativos concretos sino, más bien, señalar y argumentar cuáles son los aspectos relevantes para la *comprensión* y *análisis* de los fenómenos empíricos, la naturaleza constitutiva, de la realidad institucional sobre el desarrollo curricular de la EA.

Nuestra conceptualización de la EA como *ámbito socioeducativo* y de *política social* se ve limitada por las concreciones prácticas de las últimas décadas y también porque no podemos hablar de un cuerpo teórico de conocimientos particulares de la EA. Lo que nos lleva también a resaltar los rasgos de este ámbito o campo que afecta y que se ve afectado por los diferentes curricula. Esta limitación nos permite delimitar el estudio desde la perspectiva de la sociología curricular, pero consideramos también que abre un amplio abanico de nuevos análisis a unas prácticas educativas mucho más extensas que las de la escolarización (Eggleston, 1980), lo que implica un mutuo enriquecimiento entre aquélla y la EA.

El currículum de la EA como elaboración institucional, se ha construido a lo largo de la historia reciente de las sociedades, de acuerdo con los otros curricula y en concreto con los códigos curriculares relevantes de cada época, que explícita o implícitamente han determinado a aquéllos. Aunque esta idea se puede plantear como supuesto, la vamos a considerar parte de nuestra hipótesis de trabajo, la cual desarrollamos en el capítulo cuarto.

La cuestión clave de cualquier investigación o trabajo social es ¿qué comunicamos como saber nuevo a la comunidad social o sociedad? Se trata de un conocimiento científico que procede del análisis de las condiciones y consecuencias inadvertidas, no manifiestas o no buscadas de las situaciones y acciones curriculares y sobre las construcciones de las propuestas teórico curriculares basadas en alternativas distintas. Si bien recordamos con Giddens (1995:358) que: «(...) "los descubrimientos" de las ciencias sociales (...) no necesariamente son novedades para aquellos a quienes esos descubrimientos se refieren» o al menos no lo son implícitamente, aunque las ramificaciones prácticas de aquellos conocimientos pueden ser profundas. El currículum como construcción sociocultural no sólo ordena la realidad educativa desde su compleja naturaleza sino que actúa en ella, provocando efectos en la vida cotidiana. Desde nuestra perspectiva nos planteamos la posibilidad de una construcción del currículum de la EA que, teniendo en consideración los principios que lo determinan y que forman parte de los supuestos de partida, sea tanto una posibilidad de ordenación como de actuación. En definitiva, perseguimos construir un conocimiento que nos permita nuevas formas de pensar el currículum. Así, hablamos de construcción curricular o, como exponemos más adelante, de construcción social del currículum y no de producción curricular, porque ésta supone una creación de conocimientos que realmente no se da en la práctica educativa sino más bien en las prácticas sociales. No obstante, sí que pueden haber diversas posibilidades de construcción en tanto que los conocimientos están en relación con unos principios de ordenación y distribución que conforman la realización del currículum.

Analizamos el proceso de construcción curricular con Gimeno (1991:18) como «(...) la expresión del equilibrio de intereses y de fuerzas que gravitan sobre el sistema educativo (...)». En el mismo sentido proponemos una forma de construir el currículum de la EA basada en las relaciones socioeducativas que nos aproximan al *qué* se ha de enseñar, si bien tienen y mantienen una relación con aquellos intereses y fuerzas sociales. En consecuencia, no estamos en un planteamiento psicológico, es decir, sobre cuestiones o fenómenos de la conducta de las personas adultas y de los procesos mentales con los cuales se relacionan, sino sobre el estudio de *dos realidades* (la social y la educativa) en las que se desarrollan todos aquellos conocimientos que son susceptibles de ser transformados en académicos. Si, tal y como expone M. Beltrán, (1991:50): «la sociología se interesa por la realidad social (...)» resulta necesario aproximarnos a ella y más concretamente a la *sociología curricular* no sólo para encontrar los principios para construir el currículum, sino también para comprender y descubrir los códigos curriculares con los cuales históricamente se han construido.

En definitiva, el presente trabajo se enmarca dentro de las ciencias sociales y más específicamente en las sociologías (de la vida cotidiana, de la cultura, del conocimiento) que no sólo tratan de comprender, interpretar, analizar el saber social, «continente del conocimiento» (Pino, 1994) de sentido común, sino que, además, tratan de desenmascarar las apariencias de los hechos, actividades, actitudes y valores que forman parte de la vida cotidiana y que constituyen la realidad social. Dicho de otra manera, comprender y descubrir la realidad mediante categorías sociológicas.

Cuestionamos los conocimientos académicos que desde las instituciones se prescriben y proponemos una construcción social y discursiva mediante las experiencias, las vivencias y, en definitiva, mediante las actividades de las personas, de tal manera que, partiendo de nuevos principios de formalización, nos permitan mostrar (y confirmar) la especificidad del currículum de la EA. Analizar la naturaleza de la construcción de los conocimientos no formales mediante categorías sociológicas es una forma racional de conceptualizar la realidad de la cual forman parte los sujetos, es decir, proponemos nuevas pautas teóricas de construcción de la propia realidad curricular.

2. Sociología curricular

La sociología curricular, y en nuestro caso la de la EA, trata de estudiar los contenidos de conocimiento considerados útiles, valiosos y significativos, investigando los procesos de selección, distribución y transmisión entre la estructura del sistema social y la educativa.

Podemos enunciar, aun sin ordenarlas, las preocupaciones o cuestiones básicas de la sociología curricular de la EA de la siguiente manera:

1. Averiguar el papel de la *institucionalización de la EA*, su evolución, las diferentes conceptualizaciones y los dilemas prácticos y teóricos que subyacen y que repercuten en el propio desarrollo curricular.
2. Analizar los *códigos curriculares* o, como hemos expuesto anteriormente, los *principios* por los cuales se realiza la selección y distribución de conocimientos académicos.
3. Estudiar las *instancias, niveles, influencias y agentes* que han determinado el desarrollo curricular.
4. Examinar *cómo* y *por qué* se han legitimado unos conocimientos académicos sobre otros.
5. Conocer desde *qué presupuestos* culturales, históricos, económicos, lingüísticos y, en definitiva, de estructura y clases sociales se ha fundamentado la construcción de los curricula. En qué medida suponen una naturaleza «neutral» o «política».
6. Analizar desde qué conceptualización, por lo que hace a la distribución de poder, ideología, conciencia, valor... se trabaja en la construcción curricular.
7. Investigar los supuestos que subyacen en los tipos de currículum y cómo contribuyen a estructurar las experiencias, las tareas y la organización educativas.

Todas estas cuestiones, que resumen, en parte, aquellas preguntas e interrogaciones previas que realizamos desde la práctica discursiva, se tratan a lo largo del ensayo y con ellas se hacen explícitos una serie de valores, significaciones, compromisos morales y filosóficos que constituyen el alma del texto.

Los diferentes ámbitos científicos y la evidente y consustancial interconexión entre ellos nos sitúan en el *campo de estudio en el cual se enmarca el presente trabajo: sociología curricular de la EA*. Para poder entender los curricula es necesario comprender el gran número de relaciones de producción y reproducción cultural y social en distintas sociedades y en periodos históricos diferentes; es decir, la sociología curricular de la EA para ser apropiada ha de ser también una sociología histórica. Una sociología curricular ha de estar en condiciones de rehacer, reelaborar y reconsiderar los procesos de producción y reproducción de las instituciones y de las redes sociales, así como de presentar las contribuciones dentro de las interacciones entre las evidencias y las interpretaciones que se suceden. De aquí que, al igual que en otras ciencias sociales, no han de considerarse como un cuerpo cerrado de conclusiones irrefutables.

2.1. Teoría curricular

No vamos a centrarnos exhaustivamente en el término *teoría* ni en las posibles clasificaciones que de él se realizan, sino que describiremos brevemente qué entendemos por teoría. Si partimos como dice K. O. Apel (1985:94) de que «toda construcción teórica es primariamente conocimiento mediante reflexión», nos aproximamos a una versión que tiene la teoría como un marco de referencia que se construye desde la práctica, pero que no se limita a ella, sino que se abstrae desde la globalización de las distintas y diferentes particularidades que inciden en la práctica. Teoría y práctica se constituyen como un solo campo en el que quedan dialécticamente relacionados, y es que como expone Carr (1996:89) «la práctica no se opone a la teoría, sino que se rige por un marco teórico implícito que estructura y orienta las actividades de quienes se dedican a tareas prácticas». Las teorías en las ciencias sociales no han de ser entendidas igual que el empirismo filosófico de las ciencias naturales, a saber, como un conjunto de leyes generalizables en una dinámica deductiva y explicativa, sino como un *análisis* y una *reelaboración* sobre el ser y el hacer del sujeto social y, en definitiva, sobre la producción, la reproducción y las transformaciones sociales; como dice Marx, la teoría es una conciencia de la práctica dirigida a la transformación del mundo. Es necesaria «(...) una visión distinta de la interacción entre decir (o significar) y hacer, para ofrecer una concepción novedosa de la praxis» (Giddens, 1995:23). A través de la teoría iluminamos las premisas, conceptos y supuestos básicos sobre los que se fundamenta nuestra comprensión y nuestra praxis.

Si por ejemplo describimos el currículum prescrito por una administración determinada no estamos haciendo teoría, pero si a partir de este currículum prescrito, hacemos una comparación de acuerdo con un modelo con otros curricula en acción, extrayendo una serie de clases, de categorías, de conflictos... estamos realizando una abstracción que supone un nivel de teorización. Otro ejemplo podría ser cuando a partir de la aplicación de un currículum en distintos Centros comienza a inferirse una clasificación de problemas, de dudas y de contradicciones sobre unas cuestiones como el tema de la organización, la evaluación, la metodología... La teorización en las ciencias sociales no trata tanto de prescribir soluciones como «en subrayar la autonomía de las decisiones prácticas y explicar las bases discursivas sobre las que se adoptan» (Tyler, 1991:184). Ahora bien, si introducimos estas teorías en perspectivas más globales referidas a la ideología, la visión del mundo o incluso la interpretación histórica, enmarcaremos aquellas teorías más «concretas» en teorías «generales».

Las teorías curriculares parten de la realidad socioeducativa y se enmarcan dentro de las disciplinas científicas, y en nuestro caso en la sociología, en la que desarrolla sus fundamentos y sus metodologías, es decir, el propio conocimiento científico. Como dice Alexander (1992) «(...) la teoría es el corazón de la ciencia» y la sociología, y en concreto la curricular, ha de sustentarse en la teoría para poder comprender e interpretar la propia realidad y aún más si deseamos aportar elementos para su transformación. La teorización se convierte en un proceso social, y en consecuencia público, mediante el cual nos comprendemos tanto a nosotros como al mundo que nos envuelve. Por otra parte, el valor de las teorías curriculares es el valor que implícitamente damos a la ciencia en que nos situamos.

Cualquier teoría parte de unos supuestos en su enfrentamiento con la realidad. Es por eso que las teorías curriculares, y en el mismo sentido el papel del investigador en este campo, enmarcados dentro de las ciencias sociales, intentan aportar conocimientos científicos sobre los problemas del orden y de la acción.

Al ser el currículum un concepto con diferentes definiciones y significados, la teoría que lo desarrolla se ve dificultada por las distintas preconcepciones que sobre ella se tienen. Las dificultades para llegar a un mismo significado provienen de los supuestos de partida y como expresamos anteriormente, éstos implican un nivel de compromiso y de posicionamiento frente a nuestro contexto cultural y social. Una de las consecuencias es que el currículum, y su teoría, sólo se pueden comprender, no simplemente por los grandes enfoques y/o teorías que los sustentan, en forma de presuposiciones y premisas, sino también analizando cómo ambas se han desarrollado en los contextos culturales y sociales.

La teoría curricular se fundamenta en la sociología en tanto que analiza todas las estructuras sociales que hacen de la educación un sistema autoreferente (Luhmann, 1990) respecto de la sociedad. Como cualquier teoría recoge datos, los trabaja comprensivamente analizándolos, reúne aquellos conceptos que recogen grupos de fenómenos, tiende a la exposición sintética del conjunto de una realidad tomada en toda su dimensionalidad. A la especulación contrapone la sobriedad, la paciencia y el rigor del trabajo. En este sentido, la teoría curricular es una metateoría que trata de comprender, analizar e interpretar racionalmente el *por qué* y el *cómo* de los contenidos de conocimiento que se desarrollan desde una perspectiva social, dando respuesta a las funciones internas y externas de la educación, tal y como exponemos más adelante.

3. Aportaciones de las teorías sociológicas

Seguidamente exponemos, a grandes rasgos, las principales teorías sociológicas y los supuestos de los que parten, para, posteriormente, realizar una lectura de estas teorías de la educación y en concreto de la de personas adultas. Y es que se hace indispensable admitir con Giddens (1995:743 y ss.) que la diversidad en el pensamiento teórico proporciona una fuente de ideas y estimula el progreso de los trabajos sociológicos.

1. Para la teoría *estructural-funcionalista* de Parsons los sistemas sociales involucran dos tipos de procesos: la asignación y la integración. Los de asignación distribuyen disponibilidades personales y recompensas, están relacionados con la producción, se concentran sobre los medios e inevitablemente crean conflicto. Los de integración mantienen bajo control estos procesos distributivos, se relacionan con las finalidades y procuran el equilibrio. Para explicar el funcionamiento del sistema social y resolver los conflictos de la asignación y la integración confecciona el «modelo de intercambio» (AGIL) que consta de cuatro dimensiones: adaptación (A), capacidad de alcanzar metas (G), integración (I) y mantenimiento de patrones (L). La adaptación es la dimensión que representa las fuerzas del sistema social y, por tanto, va unida a la esfera *económica*. La capacidad para alcanzar metas está determinada por el control ideal (*las metas políticas),* la organización es la clave de esta dimensión. La política y el go-

bierno son los que están más asociados a este subsistema. La integración en la solidaridad de pertenencia de los grupos está regulada por las *normas*. El mantenimiento de patrones representa la fuerza más subjetiva de la realidad y, por tanto, está relacionada con los *valores*. Cada uno de los niveles recibe y depende de la combinación de los datos de los otros.

Cuanto más diferenciados sean los subsistemas del modelo más dificultades encontraremos en las explicaciones. Pero el gran error de Parsons, tal y como expresa García Ruíz (1993:252), es que: «(…) de la consideración de la estabilidad social como condición indispensable para la vida en sociedad pasa, acríticamente, a la consideración de la estabilidad social como meta última de la dinámica del sistema social (…)».

2. La *teoría del conflicto* ataca el funcionalismo y considera que éste toma como referente la fisiología humana y tiene en mente el modelo biológico. Para la teoría del conflicto, el orden social es el resultado de la afirmación del poder por parte de un grupo y es éste el que ejerce el control sobre la asignación. Adopta un enfoque racionalista de la acción y un enfoque colectivista del orden.

3. La *teoría del intercambio* tiene a Homans como a principal teórico. Su modelo procede de la economía y parte de que la interacción individual consiste en sanciones y recompensas; la respuesta de cada uno frente a los otros está de acuerdo con la «retribución» que recibe. Es, pues, una respuesta individualista del orden que mantiene el enfoque racionalista de la acción.

4. *El interaccionismo simbólico* es también una respuesta individualista. Se fundamenta en el pragmatismo. Éste promueve la idea de que la fuerza de voluntad podría crear un nuevo orden social. Afirma que las personas, mediante interacciones con los otros, desean adherirse a obligaciones sociales. Considera que las personas poseen buena voluntad y que las instituciones construidas mediante la interacción son suficientes para mantener el orden. El pragmatismo está asociado con la reforma social y el activismo. El interaccionismo mantiene una posición individualista respecto del orden, pero presupone la acción de manera normativa, no racional.

5. La *teoría fenomenológica* es según Husserl la «ciencia apriorística». Estudia las reglas que sigue la conciencia para conseguir que las cosas parezcan reales. La percepción presenta las cosas del mundo como auténticas e interconectadas, mientras que la realidad, a juicio de Husserl, es una corriente inconexa de acontecimientos. El análisis fenomenológico muestra que la conciencia transforma la realidad objetiva en algo muy

diferente, en la imagen de una cosa trascendental, objetiva, auténtica e integrada. Husserl explica que el *Lebenswelt* («mundo-vida» o «mundo vivido») se forma extendiendo las técnicas (analogía, parecerse...) mediante las cuales los actores construyen sus mundos individuales.

6. La *teoría hermenéutica* insiste en la significación colectiva y lleva la historia al centro de la interacción. Sostiene que la acción es experiencial y no racional, que el orden es colectivo y crea vínculos de cara a las contingencias de la vida individual. Los individualistas la critican en nombre de la contingencia, y los materialistas la acusan en nombre del cambio social. Como dice Alexander (1992:252) «el dilema interpretativo es la opción entre el determinismo cultural y la categoría residual, bien sea de tipo contingente, bien materialista. Un dilema es una opción entre alternativas igualmente insatisfactorias (...) la única manera de eludir un dilema con lógica teórica consiste en abandonar la teoría general.»

7. La *teoría marxista* se diferencia de las otras formas teóricas en la ideología. Como teoría radical procura trascender el proceso histórico mirando hacia adelante. Acepta apartados claves de la «modernización» como la racionalización, la industrialización y la secularización, pero desde perspectivas menos individualistas y más colectivas, con formas no jerárquicas pero sí de igualdad de estas últimas. En oposición a ella están las visiones conservadoras que también promueven trascender la historia contemporánea pero mirando hacia atrás, oponiéndose a la racionalidad en nombre de las tradiciones.

Considera la acción como instrumental y el orden como algo que se puede trascender. La sociedad se explica mediante un modelo básico de dos partes: base y superestructura. La base está formada por las fuerzas y relaciones de producción económica. La superestructura consiste en ideas e instituciones políticas, culturales e intelectuales y son un producto de la estructura de la base. La forma mediante la cual la propiedad privada articula las fuerzas de producción define la estructura clasista. Las clases sociales responden a esa forma distributiva de las fuerzas económicas y sus ideas e intereses son producto del conflicto entre las relaciones de producción y las relaciones de propiedad. El prólogo de Marx (1975) en su *Crítica a la economía política* es una síntesis de esta teoría.

8. El *estructuralismo* supone que los problemas de la vida social son parte de la cultura de una sociedad y que los contenidos de ésta sirven para definir los problemas. La estructura subyace en la realidad empírica. La teoría y la práctica científica estructuralista descomponen la realidad y después la recomponen para descubrir el funcionamiento, su naturale-

za constitutiva. El método utilizado para descubrir las estructuras es construir modelos. Para que el modelo merezca el nombre de estructura es necesario que cumpla una serie de condiciones recogidas por Pino (1994:126) cuando expone que:

«(...) en primer lugar, tener carácter de sistema, o sea, que entre sus elementos haya una correspondencia tan estrecha que cualquier modificación en uno de ellos entrañe la modificación en uno de los demás; en segundo término, pertenecer a un grupo de transformaciones que constituyan un grupo de modelos; en tercer lugar, que las propiedades antes indicadas permitan predecir de qué manera reaccionará el modelo en caso de que se modifique uno de sus elementos; por último, ha de ser exhaustivo, en el sentido de que el modelo debe estar construido de tal forma que su funcionamiento pueda dar cuenta de todos los hechos observados. El modelo es, pues, un esquema lógico, 'construido', que, sumergido en los hechos observados, debe poner de manifiesto las estructuras subyacentes.».

Después de haber enumerado y descrito, muy sintéticamente, las principales teorías sociológicas veremos los diferentes análisis que se han realizado desde algunas de esas teorías en el campo de la educación y su influencia en la EA, si bien no hay una correspondencia exacta entre ambas.

1. El *funcionalismo estructural* considera los sistemas educativos como instituciones que se *adaptan* progresivamente a los cambios tecnológicos y sociales. La educación tiene que ver con el proceso de asignación del personal (rol) al mercado de trabajo. Para evitar cualquier tipo de disfunción de conductas no deseables se establecen unas pautas culturales que, mediante el currículum, mantienen la integración y el equilibrio social, tan importante dentro de la ideología liberal, la cual defiende. Aunque produciendo continuadas contradicciones en la EA, esta perspectiva estudia las disfunciones culturales o estructurales con la intención de restablecer el equilibrio social. Las condiciones sociales provocadas por las continuadas crisis económicas de la producción capitalista han hecho que la EA se haya convertido en un mecanismo compensatorio y busque aquella solución de equilibrio. Es por eso que se le ha calificado como la teoría social de la burguesía.

El modelo de intercambio (AGIL) es un esquema para interpretar y explicar las instituciones, ya que cada institución se puede dividir internamente en cada una de las cuatro dimensiones funcionales. Así, por ejemplo, podemos explicar la EA como un producto que va de la adaptación (A) a la integración (I), pasando por la capacidad de alcanzar metas (G) y el mantenimiento de patrones (L). Las personas adultas que están en el subsistema económico (mercado laboral) y delante de la complejidad de éste, necesitan formas de integración social, de acuerdo con los valores y las ideas. Contrariamente, si planteamos la educación general dentro de una posible explicación, normalmente se parte de que es un producto que va de los valores (L) a la adaptación (A) pasando por la capacidad de alcanzar metas (G) y la integración (I).

Por el hecho de tratar la EA como un instrumento de continuada socialización, es decir, de reproducción social y cultural, el funcionalismo estructural ha provocado que la desigualdad educativa se perpetuara y se justificara hasta con los mismos argumentos que los otros ámbitos del sistema educativo: incapacidad intelectual, reducción memorística, falta de voluntad... y sobre todo el desafortunado e introyectado (argumentado históricamente por la psicología) descenso de la capacidad mental de la persona adulta. En la actualidad determinadas ofertas en EA Formación Profesional (FP) quedan justificadas por las necesidades de las presiones sociolaborales que tienen que ver con determinados intereses del mercado, determinando e influyendo en los curricula que también inducen a una manera de organizar y administrar la EA. Se hace desaparecer cualquier valor referente a la erudición y a la actividad intelectual de la formación. Es por eso que mantenemos muy presente la afirmación de Sharp (1984:14) según la cual: «Tanto la Nueva Sociología de la Educación como, en menor escala, el funcionalismo estructural, operan con la suposición totalmente incorrecta y fundamentalmente liberal que se puede captar el funcionamiento del sistema educativo centrando el análisis en sus procesos internos». Por esta razón, consideramos que es absolutamente necesario analizar la estructura subyacente de los procesos curriculares que institucionalmente se han desarrollado en la EA y que es la clave para comprender la realidad socioeducativa y hacer explícita la ideología que las sustenta. De ésta y no de otra perspectiva consideramos importante enfrentarnos a un estudio no reificado en su inicio. Pero no sólo estamos interesados en lo que es, sino también en lo que debería ser; de aquí nuestro modelo de construcción social del currículum de la EA.

2. La *teoría hermenéutica* y la *investigación-acción* postulada por Usher (1991) y por Usher y Bryant (1992) es la que más valorada está por la actual práctica educativa. Tratan de mostrar, primeramente, dónde se encuentra localizada la EA como campo de estudio y después se sitúan

dentro del paradigma científico y metodológico que mejor se adapta a su tesis: «(...) la EA como campo de estudio (...) ha de situarse de una manera apropiada en la educación de adultos como un campo de práctica» (pág. 21). Realizan una crítica de las diferentes opciones disciplinares y de la perspectiva positivista dominante para construir una alternativa basada en la pespectiva hermenéutica o interpretativa y en la investigación-acción como metodología investigadora. El paradigma hermenéutico se interesa por la interpretación y la comprensión de las prácticas interactivas que existen en una situación determinada, pero sin darse cuenta de que esta situación se incluye dentro de un marco socioeconómico más global, el cual es necesario considerar y al que es necesario responder desde la propia práctica, de forma tal que afecta también a la teoría y las dos conducen a la transformación de la acción y en definitiva a la praxis. Sin embargo, Usher y Bryant aportan elementos para fundamentar la investigación en la EA que valoramos positivamente y entre los que destacamos en primer lugar, tratar de abordar la investigación de la EA para que se interese por su complejidad como campo práctico y contribuir a cambios en sus situaciones específicas. Además, y en segundo lugar, interpretan una relación profesor-alumno e investigador-investigado distinta de los cánones habituales en la investigación educativa. En tercer lugar, en consonancia con lo dicho, plantean un proceso dialógico de «encuentro y compromiso» dentro de una interacción de teoría y práctica. En cuarto lugar tratan de demostrar que la EA es un campo en el que se desarrolla un conocimiento práctico en contraposición a las «teorías» más o menos psicologistas de la EA basadas en supuestos individualistas. Por el hecho de destacar lo «práctico» hay un reconocimiento del contexto y de la concentración de la práctica educativa informada por la teoría de los participantes. En quinto lugar, destacan que los contenidos de la teoría de la EA están constituidos por los problemas que se generan desde la situación práctica del contexto. Pero resultan reduccionistas cuando consideran que el propósito de la teoría de la EA es ayudar a los docentes en activo a promover y perfeccionar sus comprensiones. En sexto lugar, y de acuerdo con lo anterior, el currículum ha de examinar la manera en que la práctica está enmarcada y limitada.

3. Desde el *estructuralismo marxista* se analizan los procesos educativos en base a la estructura de las relaciones de producción. El iniciador de esta corriente de pensamiento fue Althusser (1974, 1978) y el texto más significativo: *Ideología y aparatos ideológicos del Estado. Notas para una inves-*

tigación. El texto resalta la naturaleza ideológica del Estado y de las instituciones que lo componen. La función ideológica de los aparatos del Estado es la de reproducir la división del trabajo, las calificaciones y las relaciones de producción, es decir, la estructura de producción. La enseñanza se convierte en la transmisora de las propiedades reproductivas de la estructura de producción a través de las relaciones profesor-alumno, los curricula y la jerarquización de la organización.

En la evolución histórica de los AIE (aparatos ideológicos del Estado), Althusser considera que cada uno de ellos funciona mediante la ideología y la unidad de todos como la que garantiza la ideología dominante. La ideología dominante mantiene una presencia material en lo que Sharp (1988) llama «ideología práctica» que tiene que ver con las *formas de pensar y de actuar*, y con una ideología teórica que hace referencia a los contenidos. Si tenemos en consideración los comportamientos modélicos del «aprendizaje bicario» (en la escuela el currículum oculto evaluado) nos podemos dar cuenta que son algo más que una simple significación cultural, más bien son una reproducción de la ideología dominante y de las relaciones de producción que subyacen en la ideología de cada uno de los AIE.

4. La teoría de la *estructuración* (Giddens, 1995) aporta a la EA una serie de elementos fundamentales que mantenemos como *supuestos* en el presente trabajo y que podemos resumir en los siguientes apartados:

- La totalidad de los sujetos son agentes entendidos o inteligentes con la capacidad de explicar discursivamente lo que hacen y del porqué, en tanto que saben las condiciones y consecuencias de lo que hacen en la vida cotidiana. Un entendimiento basado en una conciencia práctica.
- El entendimiento o inteligencia de los sujetos está siempre acotada en parte por el inconsciente y en parte por las «condiciones inadvertidas/consecuencias no buscadas» de la acción.
- El estudio de la vida cotidiana es esencial en el análisis de la reproducción de prácticas institucionalizadas. Sin embargo, la vida cotidiana no es el fundamento de las «conexiones» sociales sino que éstas han de entenderse dentro de la integración social y sistemática.
- La repetición o rutinización de las actividades es la forma predominante mediante la cual se sustentan las actitudes y sentimientos de «seguridad ontológica».

- «El estudio del contexto» (límites espacio-temporales de interacción, copresencia y utilización reflexiva de todos los elementos) llega a ser necesario en cualquier investigación.
- Los sujetos, su identidad y las acciones que acaecen son «marcadores en el espacio-tiempo virtual de una estructura» (ejemplo: atributos de edad, género, y producción son muy importantes en todas las sociedades). Se asocian con «derechos normativos, obligaciones y sanciones» dentro de las comunidades específicas y dan origen a los roles.
- Los principios estructurales (reglas y recursos basados en el entendimiento y en la actualización de la acción) «especifican» tipos globales de sociedad.
- El estudio y el análisis del poder es necesario tratarlo como un problema de primer orden en las ciencias sociales. Está en relación con las acciones y actividades humanas y con los mecanismos de uso de control de ellas.
- Las aportaciones o los «descubrimientos» de las investigaciones sociológicas han de ser comprensibles a los «actores legos».

Si bien no todos, algunos de los supuestos forman parte de las premisas comunes que suscriben los defensores de la Ilustración (Carr, 1996:144 y ss.) y que pueden resumirse en: la imposibilidad de comprender a los sujetos aislados de la sociedad de la cual forman parte, la característica distintiva de que los seres humanos compartimos la capacidad de razonar, el compromiso con las metas y valores asociados con el desarrollo de la autonomía racional y tratar de defender y promover el despliegue de una sociedad democrática en la que los sujetos puedan desarrollar su pensamiento racional.

5. La *teoría crítica,* aunque no tiene una identidad exacta, podríamos decir que es una teoría radical o marxista de acuerdo con el sentido que le damos a lo largo del ensayo. El gran mérito de la Escuela de Frankfurt, como representante de la teoría crítica, «fue la recuperación que efectuó del marxismo, en devolverle sus fuentes germánicas (Kant, Hegel) y abrirlo a nuevos desarrollos del pensamiento crítico» (Rubio Carracedo, 1984:240). El presente trabajo se fundamenta en esta teoría en la medida en que aporta conocimientos y nos ilustra respecto de maneras de transformar la vida y de acceder a una autocomprensión de las relaciones entre las condiciones objetivas y las subjetivas. Aporta elementos de creación y de transformación del mundo social que constituyen un

aspecto más entre otros. Como expresa Popkewitz (1988:233), «argumentar desde una perspectiva crítica supone comprender que no puede haber una solución clara delante los conflictos de valor, ni propugnar fácilmente una alternativa de lo que se suele entender como conocimiento científico». La aportación esencial de la teoría crítica es la categoría de «mediación» (*Vermittlung*) que asegura la interacción constante entre lo particular y lo universal, entre lo parcial y lo total que caracteriza la vida social. Mediación que supone e implica la explicitación pública, y por tanto política, del propio pensamiento ideológico, de tal manera que las aportaciones, incluidas las del presente trabajo, y la validez de las mismas, dependen fundamentalmente de ser críticamente conscientes de las determinaciones procedentes del carácter ideológico de las teorías.

Admitiendo que toda actividad investigadora puede tener efectos en el ámbito investigado, la orientación del trabajo no es sólo la de aportar respuestas a la situación social de la EA sino, en la medida de nuestras posibilidades, proponer nuevas relaciones estructurales básicas para el desarrollo curricular. Si bien consideramos que las relaciones sociales fuera de la escuela determinan las relaciones dentro de ella, eso no quita para considerar esta premisa como un isomorfismo de relaciones perfectas. Todo lo contrario, existen relaciones, procesos, disfunciones, conflictos, contradicciones que hacen de la educación un campo de posibilidades a la manera propuesta por la teoría progresiva, que tiene en Dewey (F. Beltrán, 1995) el máximo exponente. En otras palabras, es posible invertir democráticamente las relaciones sociales de la educación como una forma crítica de enfrentarse a las relaciones de producción.

4. El enfoque marxista y la cuestión de la conciencia

Como una primera aproximación podemos decir que el *currículum de la EA* viene a ser un «filtro» para la selección y distribución de la cultura, así como un método de transmisión de la misma, puesto que la cultura es un conjunto de acciones y de producciones objetivadas a lo largo del tiempo histórico. Podemos hablar del currículum de la EA como una *construcción (institucional e histórica) de la cultura*. El currículum, determinado por la relación social objetiva y dialéctica entre las personas, aporta una autoconciencia de la realidad y, en definitiva, un conocimiento de ella que en forma de praxis deviene en elemento o factor de transformación.

Situar el trabajo en un enfoque marxista significa recordar que no es suficiente quedarnos en las comprensiones, las interpretaciones, las reflexiones y el análisis de la realidad educativa, sino que es necesario tratar de trascender, de transformar (recordemos la undécima de las tesis de Marx sobre Feuerbach) el currículum de la EA, de sustituir la acción educativa dominante por la participación de las personas adultas en su propia formación. Desde una perspectiva marxista se reclama una nueva reconceptualización teórico-práctica sobre la base del binomio enseñanza y trabajo productivo. Siguiendo a Marx, Varela (1986) propone un modelo de aprendizaje que no se cierre en las paredes de la escuela y afirma que, frente a un cuerpo de especialistas que detentan el saber formal, es necesario un saber ligado a la *comprensión* y a la *transformación* de las realidades materiales. Frente a la tríada dialéctica hegeliana: tesis, antítesis y síntesis, el materialismo dialéctico sustituye la síntesis por la *superación*, la cual transforma los datos contradictorios y parodojas de una realidad a una nueva realidad, la de las posibilidades del ser humano.

La aportación marxista a la educación es necesario analizarla en referencia o, mejor dicho, en oposición a los discursos pedagógicos dominantes en una época histórica, a través de unas constantes (Fernández Enguita, 1985:15 y ss.) que permiten valorar su crítica:

1. *El idealismo* que subyace a la tradición religiosa occidental y que tiene su razonamiento en la separación o división entre el trabajo manual e intelectual como base de la función de la educación. La separación entre el proceso de producción y el de reproducción quedan en esta constante que comienza a manifestarse en la Baja Edad Media, pero sobre todo en los periodos del Renacimiento, la Reforma y la Ilustración, mediante los programas de estudio (currículum) de las escuelas que se crean con la finalidad de educar aquellas capas, estamentos o clases sociales que no trabajan.

2. La *identificación entre educación y escuela*. Como consecuencia de lo anterior se hizo necesario mantener una diferenciación entre los que trabajaban y los que vivían de ellos. Unos para educar a los descendientes religiosos, otros los súbditos y otros los ciudadanos, todos «predicaban» una escuela identificada con la educación formal (Comenio, Locke, Kant, Pestalozzi, Helveció, Hegel…).

3. La *ahistoricidad del pensamiento pedagógico*. El discurso educativo, y sobre todo el curricular, destaca por la formación en las costumbres y en las tradiciones de una sociedad particular en un tiempo concreto, a

pesar de las afirmaciones de una educación ajustada a la naturaleza humana.

4. *El imantismo* por el cual el sujeto está predestinado, tiene unas condiciones dentro de él que sólo le permiten llegar a lo que puede. Esta constante ha sido el precedente del tratamiento psicologista de la EA; la opuesta a ésta mantiene que las posibilidades transformadoras de los sujetos por la propia mente y por las circunstancias educadoras que les envuelven, es uno de los planteamientos pedagógicos del movimiento obrero.

5. El *discurso educativo* universalista bajo el cual subyace un *clasismo*. Desde la época de los griegos, pasando por el movimiento ilustrado, no todos tenían derecho a la educación y aún menos acceso a la cultura más elevada, que estaba reservada a las clases sociales más poderosas.

6. La educación como *instrumento de poder* de las clases dominantes respecto de las dominadas, de la mayoría sobre la minoría. El poder social, el económico y el político se identifican con el saber.

7. La constante *exclusión de la mujer*. Aunque no es simplemente un rasgo característico de la educación sino más bien de todos los pensamientos del tiempo y en todas las áreas. No obstante, hay textos o partes de textos sobre la educación de la mujer, pero subordinada al propio estatus social.

Desde la teoría marxista, el pensamiento, las ideas y la conciencia humanas son el resultado de la vida real, de la propia actividad práctica; pero esta determinación no es simple o mecánica sino de doble vía (bidireccional) u orgánica ya que aquéllas también afectan a la realidad porque la crean y forman parte de ella. Para Marx (1972), «la teoría materialista del cambio de las circunstancias y de la educación olvida que las circunstancias las hacen cambiar los hombres y que el educador necesita, a la vez, ser educado» (pág. 666).

Incorporamos la categoría de la conciencia mediante el análisis de las propias acciones, es decir, haciendo conscientes, a través de la discusión y la deliberación, los componentes dialécticos de las redes sociales. Consideramos las redes sociales como relaciones desarrolladas en respuesta a situaciones socioeconómicas que suponen un reto para las personas y las comunidades.

La conciencia es una toma de posicionamiento racional, tanto individual como colectivo, frente a un hecho, acción o problema. La toma de posicionamiento consiste en una comprensión e interpretación sobre lo que nos enfrentamos, pero también una acción o intervención sobre el problema. Pero, ¿de dónde procede la formación de la conciencia? Mediante la actividad económica y social las personas adultas van formando la conciencia y, en consecuencia, las formas de ser y de pensar. La actividad intelectual, en la cual se desarrolla el pensamiento, forma parte de aquella actividad que se ve afectada y que afecta a las relaciones estructurales que en ella subyacen. En la medida que proponemos una participación en la *construcción social (discursiva y pública) del currículum de la EA*, que implica en las personas adultas una actividad intelectual conjunta sobre sus vidas, incidimos en un proceso educativo en el que la conciencia se desarrolla como un concepto básico. Recordemos también las palabras de Marx (1975:373) cuando expone que «el modo de producción de la vida material condiciona el proceso de la vida social, política y espiritual en general. No es la conciencia del hombre la que determina su ser, sino, contrariamente, el ser social es quien determina la conciencia». Lo que la teoría marxista ofrece es una genealogía de la conciencia, una fundamentación materialista del proceso de construcción social de la realidad como representación. A través de la teoría crítica, Marx explica la existencia de una realidad falseada, alienada, con continuas contradicciones que provoca una representación ideológica reificada.

El aprendizaje de las relaciones sociales de reproducción que se realiza en la escuela tiene unas identificaciones cuando las personas adultas retoman la asistencia a la EA, y tratan de encontrar aquellos aspectos que «recuerdan» que realizaban y que en muchos casos tienen que ver con las expectativas que desde la propia clase social le aportaban: obediencia, pulcritud, buenas maneras... En palabras de Freire (1988), aspiran a la «educación bancaria» de conocimientos isomórficos de la escuela infantil, entre los cuales se encuentran la caligrafía, las operaciones de cálculo, la copia, la lectura mecánica... Esas expectativas toman forma en los contenidos del currículum, así:

> «La religión enseña que el hombre está condenado a trabajar y que debe despreocuparse de sus condiciones de vida —y las de los demás— en la tierra. La historia enseña que siempre ha habido pobres y ricos, gobernantes y gobernados, que la humanidad progresa imparablemente gracias a la ciencia y que los intentos de alterar las cosas, además de injustificados, terminan invariablemente mal. La literatura traslada a los niños a un mundo subjetivista generalmente protagonizado por figuras que tienen poco que ver con su mundo real. Las mate-

máticas introducen al alumno en problemas tan vitales como qué tasa de interés hace falta para acumular un capital dado o cómo repartir en partes proporcionales una herencia.» (Fernández Enguita, 1985:236)

Pero realmente el aprendizaje de las relaciones sociales se da en las interacciones entre personas, los rituales de comunicación... las cuales configuran (cuando no determinan) la conciencia de los miembros mediante la vida en la escuela y mediante las prácticas del contenido curricular; si bien admitiendo que (Lerena, 1986:332): «(...) en materia de hábitos básicos de pensamiento, de sentimiento y de acción, los españoles hemos estado sometidos más eficazmente a la fuerza impositiva de la familia y de la organización eclesiástica que a la fuerza de la influencia del sistema escolar». La capacidad que toma la conciencia, la conciencia del ser real, es aportada por la materialidad (explícita o no) de la rutinización y de la actitud acrítica y no problematizadora. Aquellas prácticas son lo que denomina Freire (1978, 1984, 1990) la conciencia ingenua transitiva, a la que podemos, desde una perspectiva marxista, oponer una conciencia crítica que procede de la toma de posicionamiento del sujeto y de la colectividad frente a las dimensiones opresivas de las relaciones sociales de producción. El cambio de la conciencia forma parte del mismo proceso del cambio social, el cual está ligado a las actividades de las personas, al proceso de lucha constante de transformación. Transformación de la realidad personal y social que no es otra cosa que cambiar las rutinarias acciones de la cotidianidad mediante la comprensión de la capacidad crítica.

En el desarrollo curricular, y más concretamente, en su construcción social, se producen relaciones de reproducción que afectan a la conciencia a través de falsas *necesidades* y en forma de contenidos de conocimientos. Por ejemplo, la significatividad de los contenidos se ve afectada por las acreditaciones que delimitan, frecuentemente, las actividades académicas y culturales de la EA y que provocan un efecto social represivo. Será pues mediante el concepto clave de praxis, que afecta y trasciende la propia acción individual y que incide e induce a la conciencia hacia la transformación colectiva, que trataremos de determinar la realidad curricular de la EA.

De acuerdo con F. Beltrán, (1992:15) definimos «el concepto de praxis como la práctica revolucionaria que alude no sólo a la acción sino, a la vez, a la conciencia respecto del papel que esa acción juega en la transformación de la realidad. La praxis es el elemento mediante el cual nuestras interpretaciones subjetivas adquieren naturaleza objetiva». Añadiríamos también que la praxis conduce la herramienta de la conciencia para resolver las dicotomías dialécticas y artificiosas creadas por el pensamiento humano: teoría-práctica, reflexión-acción, subjetividad-objetividad, *doxa-episteme*... Pero además, como dice Lefebvre (1974:32), de lo que se trata también es de confrontar el proyecto filosófico del ser humano «con el mundo extrafilosófico, el de la vida cotidiana, el de la praxis, es decir, el de la realidad».

En el mismo sentido sostenemos una concepción de persona adulta plena de confianza, que lucha y se afirma en ella misma, en el discurso y en la acción (praxis) con la colectividad y no una concepción de persona adulta que trata con subsidiariedad unas personas respecto de otras, respecto de los conocimientos previos, de la procedencia, del contexto y de su inteligencia.

La cuestión de la validez y la significatividad de los contenidos de conocimientos a desarrollar es un problema en el que nos encontramos continuamente, ya que no pueden ser tratados de acuerdo con los principios tradicionales, dado que partimos de un enfoque diferente al tradicional. Partimos de una lógica racional distinta a la de las ciencias naturales, en las cuales se insiste mucho en la perfección de la medición cuantitativa, en la atribución de la «causas verdaderas», la generalización y universalización de resultados... En la lógica racional se incluyen nuevos valores y principios de las ciencias como el reconocimiento de la cualidad dialéctica, la coherencia empírica, las inducciones de la crítica y la reflexibilidad, la «objetividad» de las aportaciones «subjetivas» en procesos de negociación continua y de deliberación sobre la acción.

CAPÍTULO TERCERO

Institucionalización de la EA

1. Principios básicos que configuran la EA

Cuando se plantea el lugar o ámbito donde socialmente se desarrolla la educación institucional, existe un acuerdo amplio por lo que respecta a los grupos de edad o público al cual se dirige y niveles en los cuales éstos se adscriben. Si cuando hay cualquier tipo de reforma se trastocan los agrupamientos y los niveles, en la EA la problemática se agudiza, ya que no ha tenido, ni tiene, un nivel ni un público específico (aunque hay acuerdos explícitos, como los expuestos en el *Libro blanco de la educación de adultos*, la LOGSE…).

La causa de la aparición de la EA es necesario verla no tanto en la universalización de la escolaridad, ni en su prolongación, aunque tenga repercusiones sobre aquélla, sino, como subyace en los documentos citados, por planteamientos sociopolíticos que en muchos casos son compensatorios y que intentan resolver las disfunciones y las contradicciones creadas por la institucionalización.

Tratamos y consideramos la EA como un ámbito de la educación institucional o un ámbito que forma parte del propio sistema educativo, lo cual delimita su conceptualización pero no tiene por qué comportar una restricción, ya que se refiere a un conjunto de actividades dirigidas a conseguir unas finalidades educativas específicas.

El carácter institucional en el que se ha desarrollado la EA en el Estado Español ha estado marcado por el enlace con los niveles primarios o básicos del sistema educativo. Este vínculo ha hecho de la EA un subsistema con los rasgos propios de la escolaridad básica, tanto los explícitos como los implícitos. La institucionalización ha mermando potencialidad a la EA cuando se ha reducido a la esfera de la política del sistema educativo (sobre todo a aquellas respuestas técnico-administrativas), sin ninguna conexión con la política social, la cual hubiese permitido un marco más amplio, más flexible y más favorable para transformaciones. La EA no ha de reducirse ni a una enseñanza teológica, ni a unas recetas simples de los conocimientos de diferentes disciplinas, ni a un aprendizaje estratégico o a un «aprender a aprender» vacío de conocimientos, ni a unos conocimientos indiscutibles y definitivos y ni a unas formas organizativas en las cuales no se consideran las personas adultas como «mayores de edad», como auténticos ciudadanos en la toma de decisiones.

Las rigideces ideológicas de los «aparatos» educativos se manifiestan en el secuestro del discurso de la propia naturaleza política de la educación y sobre todo, por lo que respecta al currículum, por una falta de debate entre la construcción social de los conocimientos y la construcción académica de los mismos. Debate, que como podría admitir Gramsci, reflejaría las posibilidades hegemónicas y contrahegemónicas de la institucionalización educativa. De aquí la desgarradora crítica que realiza a la Universidad Popular:

«Los dirigentes de la Universidad Popular saben que la institución que dirigen ha de servir para una categoría de personas, la cual no ha podido seguir los cursos regulares en las escuelas. Y nada más. No se preocupan nada de buscar la manera más eficaz para aproximar esta categoría de personas al mundo de los conocimientos. Encontramos un modelo en los institutos de cultura ya existentes: el que frecuenta los cursos de la Universidad Popular tiene edad y la formación general de quien asiste a las Universidades públicas: démosle por tanto un equivalente» (Gramsci, 1981:105).

La cualidad reguladora del currículum mostrada a través de: su control sobre la práctica; su desconfianza de la profesionalidad docente; el carácter centralizador de su desarrollo, tanto el organizativo como el evaluador; la continuada dependencia de los otros curricula… ha hecho del currículum de la EA una *adaptación* de las metas curriculares a aquellas que proceden de los otros curricula. Las causas del secuestro de una política social de la EA se han mostrado más en las formas tradicionales de desarrollo curricular y en la inercia de control sobre el sistema educativo que en las «voluntades» de políticas administrativas que, por otra parte, no han sabido o no han querido mediar entre la cuestión pública y la educativa. De manera que «son aún escasas las definiciones explícitas de política educativa, gestión y orientación pedagógica sobre los componentes que constituyen la identidad de la educación básica de personas adultas institucionalizada». (Cabello, 1995:19).

La gran virtud, aunque también su debilidad, de la EA es que se trata de un proyecto socioeducativo de gran extensión que posibilita recoger una gran cantidad de problemas, contradicciones, preocupaciones, dilemas y necesidades que tienen las personas y la propia sociedad, y utilizar los distintos conocimientos que aporta la producción o actividades sociales que se realizan, para facilitar la comprensión de los mismos. Podemos pues, caracterizar la EA como un mediador social que trata de vertebrar la sociedad civil y democratizar la vida cotidiana mediante la participación de las personas en la educación, la cual tiene como finalidad conseguir aquellas formas de conocimiento y formas de pensar que permitan llegar a la representación objetiva del mundo que nos rodea. La educación no es sólo «una necesidad psicológica, sino una *necesidad social*» además de «un *proceso de vida* y no una preparación para la vida futura» (J. Beltrán, 1997:50). El derecho a la educación en la edad adulta, por otra parte, es necesario conjugarlo con formas de organización que validan y recogen la educación formal, la no formal y la informal (De Santis, 1974; Federighi, 1992, 1993). Aún así hacemos la siguiente matización: una cuestión es entender la EA como una agencia mediadora de la sociedad y otra es considerarla como el «detonante de la transformación social», lo cual es inviable y además le da un valor que no ha de tener. En este mismo sentido se pronuncia Freire cuando analiza sus experiencias en Guinea-Bissau: «(…) en un sentido global, la alfabetización (y añadiríamos nosotros, la EA en general) por ella misma no debería nunca ser entendida como la espoleta de la emancipación social de las clases sometidas» (Freire, 1989:116).

Después de constatar las diferentes definiciones que sobre la EA existen, nos podemos dar cuenta que lo que hacen es una descripción de aspectos o áreas que ha de tratar la EA (Conferencia de Nairobi, *Libro blanco de la educación de adultos*, LOGSE…), pero consideramos que es la caracterización de la cual partimos, la que nos proporcionará una mejor aproximación a su definición y por tanto a su conceptualización. Entendemos que la intención de la EA, de acuerdo con su caracterización, es favorecer en las personas adultas procesos de análisis crítico y mejora de las condiciones de vida y de participación en los proyectos culturales y colectivos a los cuales pertenecen. Es por eso que estamos de acuerdo con la formulación de San Martín (1996) que, considerando los diferentes momentos históricos que la determinan, define la Educación de Personas Adultas como «una formulación amplia de una manera particular de entender la educación: un elemento constante de enriquecimiento personal y social que se adapta a los cambios y también los provoca, un elemento dialéctico entre conseguir y progresar, entre hacer y pensar» (pág. 93).

Teniendo en cuenta la caracterización y la definición expuestas es necesario tener presente los principios básicos que configuran la EA. Éstos están básicamente expuestos por Salinas (1996:96 y ss.):

1. *Principio histórico contextual.* Situar históricamente como contextualizar la acción educativa significa sobre todo partir de las posibilidades y limitaciones de los agentes educativos como grupo social, con sus vivencias, experiencias y significados culturales, profesionales, individuales... Teniendo en consideración este principio, se acepta que la acción educativa y el currículum de la EA se enmarcan en la situación y en el contexto de la propia estructura sociocultural y económica del entorno (Meghnagi, 1986:107 y ss.), asumiendo sus finalidades y objetivos. La necesidad de leer no solamente la palabra escrita sino la realidad contextual es una manera básica de dar voz al pensamiento.

2. *Principio de autoformación conjunta.* Basado en la idea de que toda persona adulta es tanto educador como educando, enseñante como enseñado. Este principio recogido por Freire en su método dialógico se fundamenta en la unidad dialéctica entre quien enseña y aprende y entre quien aprende y enseña: «nadie no educa a nadie (ninguno no se educa a él mismo) los hombres se educan entre ellos, mediatizados por el mundo» (Freire, 1988:73).

3. *Principio de dinamización cultural y social.* Es una consecuencia del papel activo que ha de tomar la EA en la situación y en el contexto donde se desarrolla la acción educativa, es decir, participar en las finalidades y objetivos de la estructura sociocultural y económica, de aquí la necesidad de coordinación y colaboración, respecto de iniciativas culturales, educativas o sociales, con las entidades, los colectivos y las instituciones del propio entorno social. Esta necesidad, y su tratamiento didáctico por parte del profesorado, resulta imprescindible en la organización curricular para considerar y validar aquellos elementos formales, no formales e informales de la educación. Pero además, la coordinación, la colaboración y la organización curricular es necesario conjugarlas con una organización administrativa que permita considerar los contextos y

los lugares donde se desarrollan las diferentes actividades como un todo global. En este sentido Formariz (1997:107) propone una pedagogía de la coordinación y de la colaboración. El núcleo vertebrador no ha de ser un Centro único (casa de cultura, biblioteca, centros de EA, escuelas, centro social...) sino la organización curricular donde se materializan las finalidades, metas y objetivos educativos.

2. Disyuntivas en la institucionalización de la EA: implicaciones en el currículum

Las instituciones están constituidas por un conjunto de fuerzas sociales que actúan por unas normas en apariencia universales, pero dirigidas a una *función precisa* (salud, producción, educación...). En palabras de Lapassade y Loureau (1981): «La institución es el lugar donde se articulan, se hablan, las formas que adoptan las determinaciones de las relaciones sociales. Se trata del lugar en que la ideología se ve permanentemente activada por la negatividad que introduce la infraestructura (simultáneamente *base material* –medios de producción–, y *base social* –fuerza de trabajo del trabajador colectivo–).» (pág. 199). Por tanto, el concepto de institucionalización es un fenómeno extremadamente complejo y un instrumento de análisis de las propias contradicciones sociales. No olvidemos que la sociología se define, en un primer momento, como la ciencia de las instituciones y que tiene como a uno de los máximos representantes de esta tendencia a Durkheim. Desde la EA podemos entender por institucionalización *la dirección y el control ejercido por instancias políticas y administrativas sobre la enseñanza,* bien sea tomando la iniciativa de la organización, bien absorbiendo o regulando iniciativas ajenas.

La paradoja o contradicción de la EA se puede plantear de la siguiente manera: por una parte se pide una regulación, unos recursos, unas acreditaciones sociales... a las instituciones públicas, pero por otra parte, se está en contra de que la EA quede limitada o constreñida a las instituciones, ya que tanto la enseñanza como el aprendizaje, fuera del marco institucional, forman parte de las experiencias de las personas adultas: procesos y niveles formativos de la praxis ontológica individual. Esa paradoja se incluye en los mitos y también en los falsos supuestos de la estructura profunda del sistema institucional que seguidamente exponemos.

Bernstein (1990) a través del *discurso mitológico*, formado por aquel discurso que produce *solidaridades horizontales*, recurre a los *mitos* para desvelar las intencionalidades enmascaradoras de las jerarquías de clasificación social que implícitamente nos encontramos en la institucionalización de la educación. Las solidaridades horizontales están formadas por aquellos contenidos que comparten todos los grupos, «su sentido comunitario, su aparente interdependencia (…) Este discurso se encuentra en todas las escuelas e independientemente de la ideología política y de la organización social» (pág. 128). Los mitos, algunos de los cuales se pueden incluir en la tradición de la teoría funcionalista expuesta en el capítulo anterior, son los siguientes:

- el de la *conciencia nacional*. Es aquel que se construye sobre los orígenes, las realizaciones y el destino de una conciencia nacional específica, la cual transforma una «biología común» en una «cultura específica». La manifestación de prácticas escolares con celebraciones, rituales, registros de lenguaje y de la historia son una manifestación de esa conciencia.
- el de *la integración*. Es una consecuencia del anterior y se fundamenta en que «la sociedad es un organismo» en el cual todos los grupos están relacionados y son interdependientes. Todas las aportaciones del grupo son necesarias, importantes y válidas como cualquier otra.
- el de *la jerarquía*. La estratificación de la escuela se realiza teniendo en cuenta la edad, principio diferente a aquel de la relación producida entre grupos sociales: clase, étnia, religión o región. Pero la jerarquía se produce en las calificaciones que se otorgan y que implican un éxito o fracaso basado en «causas innatas» (cognitivas, afectivas, familiares).
- el de *la biología*. El sustrato de los mitos está basado en la metáfora biológica, de la cual se extrae la siguiente proposición general: «la educación preserva las relaciones estructurales entre los grupos sociales pero cambia las relaciones estructurales entre personas. Una es seleccionada para el éxito, la otra para el fracaso, a veces dentro de la misma familia» (Bernstein, 1990:131). Esta falsa proposición ha creado la impresión de que la educación transforma las estructuras jerárquicas sociales y ha hecho verosímil un movimiento interclasista. La solidaridad horizontal produce una orientación de equilibrio hacia la conciencia nacional en lugar de producir una conciencia de clase.

En la misma línea expositiva podemos incluir los «falsos supuestos» que en forma de escolios desarrolla F. Beltrán, (1993:83 y ss.) respecto de la estructura profunda del sistema institucional. Lo falsos supuestos son los siguientes:

- «El "aparato escolar" es relativamente independiente de otros ámbitos organizativos de la sociedad (...)» (pág. 83).
- «Los escolares son así mismo relativamente autónomos respecto del conjunto del sistema, por ello, (...) pueden plantearse finalidades propias». (pág. 84).
- «El comportamiento organizativo de cada centro escolar es el resultado de la peculiar agregación e interrelación entre los individuos que lo componen, (...)» (pág. 84).
- «El cambio o la mejora de los centros escolares se explica en relación con:
    a) La armonía: todos los agentes que tienen que ver con el funcionamiento de los centros escolares están presididos por los mismos valores y persiguen los mismos objetivos (...)
    b) La responsabilidad: los responsables educativos son los intérpretes legítimos y autorizados de los intereses políticos y/o públicos en educación (...)» (pág. 85).
- «La bondad del sistema depende de su posibilidad de cambiar paulatinamente, a efectos de conservar la armonía, e instituyendo permanentes controles como ejercicio de responsabilidad. (pág. 86).
- «Del comportamiento excesivamente autónomo de los centros o de sus componentes se desprenden situaciones incontroladas o incontrolables que ni son beneficiosas para el propio centro ni para el sistema porque pueden afectar a su funcionamiento armónico.» (pág. 86).
- «Los cambios en la organización o el sistema quedan legitimados, sólo en la medida en que permanezcan sometidos al control, aunque eso supone distintas formas de coerción y la expropiación de los conocimientos de los agentes del sistema.» (pág. 87).

Estos falsos supuestos quedan implícitos en la propia estructura institucional educativa y han dado paso a una articulación y vertebración, dentro del sistema educativo, de un mismo tratamiento administrativo, organizativo, curricular... de todos y cada uno de los ámbitos del sistema, a pesar de sus características diferenciales. Esta situación es la que ha inducido a que la institucionalización de la EA quedara reducida a la homogeneización del resto del sistema educativo y a plantear a F. Beltrán, (1993:87) el concepto de «*escolarismo*», el cual define como «la reducción de las iniciativas plurales relativas al incremento de las oportunidades educativas del mundo adulto a aquéllas que puedan ser provistas por el sistema educativo bajo las formas tradicionales adoptadas por éste para el tratamiento del resto de los niveles educativos del sistema, en especial de los obligatorios». En el mismo sentido hay que considerar los dilemas propuestos por Jarvis (1989) y que subyacen en el proceso de institucionalización de la EA:

1. Una persona puede comprender y adquirir los conocimientos más complejos de la naturaleza humana y del universo, puede tener los pensamientos más profundos, leer los mejores libros, tener el comportamiento más exquisito, puede ser considerada como una persona ilustrada, sin embargo si esa persona no posee el certificado de escolaridad o cualquier *acreditación académica* puede aparecer frente a una solicitud de ocupación, frente a la universidad, como una persona *sin educación*. Podemos afirmar que estamos frente a un dilema de valoración social que menosprecia los conocimientos no formales y la persona como adulta.

2. Un segundo dilema es el de *la libertad frente al control*. El proceso de enseñanza y aprendizaje, y más aún el currículum, ha estado *controlado* por diferentes instancias y niveles, entre los cuales la administración y la inspección educativa han marcado los parámetros y las pautas de control mediante aspectos organizativos, evaluadores, de tiempo...

3. Otro de los dilemas de la institucionalización es el *orden normativo* dentro de la organización educativa. Consideramos este orden como la subcultura educativa de donde se extrae el currículum oculto para los agentes de la educación.

4. El dilema *vocacional o motivador del educador de personas adultas.* Los ideales o motivaciones son claramente enfrentados con una burocracia de la organización educativa que hace que los intereses laborales estén en función de la jerarquía burocrática. La corporativización forma parte de la conflictividad del sistema, la cual es consecuencia de su organización y del tipo de autonomía de funcionamiento.

5. Añadiríamos un quinto dilema, unido al primero, según el cual sólo la *institución educativa* está legalmente legitimada e investida para impartir la *educación*, es decir, no se consideran otro tipo de organismos, entidades

e instituciones que puedan impartir educación y, por tanto, no se consideran o no se validan los tipos de formación que dan.

6. Por último, incluiríamos como dilema el *sistema organizado,* unido al tercero, que, con una lógica distributiva de responsabilidades y jerarquizadora, funciona con unos mecanismos propios. La estructura organizativa interna de la institucionalización de la EA funciona traduciendo, retardando, transformando los objetivos y las finalidades. Los componentes sociales, políticos, generacionales, laborales que se encuentran en el interior del sistema y que forman una red compleja de relaciones, de funciones y de responsabilidades determinan, a la vez, la organización.

El conjunto de mitos, falsos supuestos, dilemas de la institucionalización educativa, así como los problemas que han suscitado a los curricula, han dado paso al escolarismo de la EA, pero además, ese conjunto de temas son un producto y una consecuencia de las determinaciones histórico políticas de la institucionalización de la EA, tal y como exponemos en el siguiente capítulo.

Utilizar el escolarismo como la forma de institucionalización de la EA es reducir el proceso de enseñanza y de aprendizaje a las formas y maneras más subterfugiamente conservadoras, ya que contribuye, no sólo a la reproducción del orden social sino también a las relaciones de control y de poder que subyacen en el «habitus» de la manera de pensar. Es absolutamente imprescindible que busquemos, desde formas imaginativas, transformar el escolarismo, proponiendo una organización *ad hoc* en la cual la toma de decisiones haga que los conocimientos no estén recogidos por la objetividad y la universalidad de las lógicas internas de las disciplinas, sino por criterios más próximos a la realidad social donde desarrollan sus vidas como colectivo y como personas (Pascual, 1998).

Para superar coherentemente las paradojas o contradicciones planteamos la necesidad de democratizar el currículum como una de las posibles salidas al «escolarismo», que no a la institucionalización. Es decir, como un intento de posibilitar la dimensión político social de la EA, en la que, y entre otras cuestiones, los recursos institucionales sean descentralizados y gestionados por los distintos sectores sociales que participan. Es pues, una propuesta que intenta superar la cosificación que supone el «escolarismo» sobre el currículum.

3. Respuesta institucional al currículum de la EA

Las instancias y niveles de decisión institucional se han dedicado histórica y básicamente a tomar medidas para el acceso de las personas adultas a aquellas acreditaciones sociales que se les iban exigiendo desde el ámbito económico; es decir, las instancias y la política de la EA venía y viene marcada por una concepción compensadora de «primera», «segunda», «tercera», «cuarta»… oportunidad. Cuando desde diferentes trabajos (guardias jurados, policías, conserjes…) se les va exigiendo un certificado de escolaridad o un graduado escolar, las personas acuden «desesperadas» (más que necesitadas) en busca de la acreditación correspondiente. Los datos de presentación a las «pruebas libres» de certificado de escolaridad y de graduado escolar han ido en aumento hasta el punto que, por ejemplo, en centros de EA de muchas ciudades de España se realizan pruebas de certificado todas las semanas, así como también convocatorias de pruebas para el graduado. Estas pruebas se han convertido en una «carrera de obstáculos» en la que cada área es el obstáculo a superar y en las cuales las situaciones más kafkianas pueden darse (evaluación, contenidos, pruebas, organización…).

A modo de ilustración, acudimos a datos referidos a una de las diecisiete comunidades autónomas de España y en concreto al País Valenciano.

La *«calidad» de las titulaciones* queda devaluada por la respuesta racionalizadora de los medios. La orientación de la finalidad acreditativa, una formación básica, se transforma en una irracionalidad. Eso sí, la eficiencia y la eficacia del servicio queda salvaguardada por la cantidad de titulaciones o certificaciones y por los mínimos gastos que suponen.

La situación no es que no cambia sino que, además, se agrava por lo que está pasando en los centros de EA donde las personas que están con un «contrato de aprendizaje» van a realizar su formación con una problemática que al menos podríamos calificar de «picaresca»: a veces si se exige la asistencia obligatoria (seis horas semanales) a la persona con un contrato, para poder firmarle las horas de formación, la propia empresa le rescinde el contrato; otros para obtener los beneficios correspondientes contratan familiares que «permanecen» en formación constante hasta la terminación de las prestaciones o beneficios.

Se está produciendo un fenómeno de escolarización masiva que adquiere las formas y el marco de la «tecnocracia educativa». A ésta la podemos definir como la eficacia racionalizadora de la burocracia escolar, con una lógica de acción según la cual la racionalización de las tareas está en función de los medios y no de las finalidades que han de informar y orientar la acción educativa. Es una manera de ocultar y de no cuestionar las prácticas educativas que se desarrollan.

Se puede afirmar que desde la tecnocracia, la EA ha de tener una función compensadora y actualizadora de las exigencias de la política económica. Pero además, la compensación y la actualización vienen dadas por la hipótesis según la cual: cuanto más crece el periodo de escolarización, más se amplían las necesidades y las demandas de educación posterior y sobre todo aquellas que hacen referencia a las acreditaciones (titulaciones, certificaciones, másters...) que se exigen para el acceso al mundo laboral.

En la actualidad, y teniendo en cuenta la ampliación de la escolaridad en dos años para la certificación correspondiente y el título de secundaria obligatoria, los propios datos de la población confirman la hipótesis planteada (de acuerdo con el Instituto Valenciano de Estadística y atendiendo al censo del 91). De acuerdo con los datos del Instituto, el 78.65% de la población con una edad mayor o igual a 16 años, no dispone de la acreditación oficial, es decir, del certificado de escolaridad y del graduado en secundaria obligatoria. El porcentaje procede de aquellas personas que se incluyen en el grupo de analfabetos, sin estudios, primer grado y primer ciclo de segundo grado. Si, además, consideramos que durante el curso 98-99 aún no se dispone de medidas legislativas para poder acceder a las acreditaciones básicas en los centros de EA, no solamente se complica sino que además se amplía y se agrava la situación actual. Las *mujeres* con un 80.32% superan el porcentaje de los varones 76.87%. Por lo que respecta a la edad, tampoco es que la situación mejore ya que el *grupo de edad entre 16-24 años* se encuentra en el 62.98% por debajo de la acreditación básica.

De entre los datos de la población activa y ocupada, y el nivel de estudio destacamos:

1. que del total de la población 3.019.563 hay un total de 741.028 (24.53%) personas que son analfabetas (3.29%) y que no tienen estudios (21.24%);

2. las personas analfabetas y sin estudios son las personas que tienen menos ocupación 154.240 (12%) de un total de 1.260.424 personas ocupadas. Los porcentajes de población ocupada va aumentando de acuerdo con el nivel de estudios;

3. las mujeres son las más desfavorecidas, ya que de un total de 1.561.820 hay un total de 433.040 (27.72%) que son analfabetas (4.81%) y sin estudios (22.91%). En el mismo sentido están aquellas que tienen menos ocupación: de un total de 1.561.820 mujeres están ocupadas 383.991 (24.58%). De las cuales sólo 36.669 (2.34%) analfabetas y sin estudios tienen trabajo.

Tal y como podemos comprobar la concepción compensadora de la EA ha estado y está fundamentada en la propia *institucionalización de la EA* que ha tratado de responder a las disfunciones creadas por el sistema educativo en particular y en general por el sistema social. La EA deviene en un instrumento del sistema educativo para resolver:

– la escolarización que no se realiza en la edad apropiada.
– el subdesarrollo del acceso a la educación.
– las deficiencias de la calidad educativa (fracaso escolar)
– la consideración de la edad adulta como inadecuada para aprender.

La institucionalización ha hecho de la EA una reducción a las formas, maneras, organizaciones y curricula propiamente escolarizantes. Frente a esta concepción se abren otras que, teniendo en cuenta las deficiencias anteriores, aportan otras finalidades y posibilidades de organización a la EA:

1 Necesidad de una educación general que permita a las personas adultas llegar a cuotas más altas de la «alta cultura».

2. Una validación, acceso y adquisición de los códigos y registros de los conocimientos sociales, necesarios para vivir y convivir.

3. Actividades y experiencias adaptadas a las propias necesidades e intereses de la comunidad y de las personas consideradas y tratadas como adultas.

4. El principio de educación permanente y una concepción de persona adulta con todas las posibilidades formativas permite incorporar a las personas tanto en calidad de aprendices como de enseñantes.

5. Ampliación de la educación no simplemente al sistema educativo sino a otros ámbitos de la organización administrativa e institucional, y también a nuevas aportaciones desde otras agencias sociales.

Las cifras sobre población y niveles de estudio también apuntan a confirmar la teoría de la desnivelación (teoría del crecimiento de las deficiencias de educación básica) (Flecha, 1990, 1991) en la cual se augura un futuro descorazonador en «(...) comprobarse que las personas sin un cierto nivel de conocimientos básicos de partida podrían verse también excluidas de su adquisición en la vida adulta, con lo cual podría quedar cerrado el grave círculo de la desigualdad cultural» (pág. 131). Es necesario considerar que Flecha se basa en Bourdieu al considerar el *capital escolar* como la forma que con mayor exactitud se aproxima al *capital cultural*. Pero podríamos afirmar lo contrario, ya que un aumento del capital cultural permite un aumento no acreditado del capital escolar, de aquí que frente a este panorama propongamos que: la interrupción en la asistencia a las instituciones educativas no es un abandono ya que aquélla es muchas veces recuperada, aunque con formas, modalidades y tiempos diferentes de los habituales, de acuerdo con unas circunstancias personales, sociales y ocupacionales. Las personas adultas mantienen un nivel de experiencias vitales que implican, lo que denominamos más adelante, unos *conocimientos no formales*.

Para confirmar la proposición anterior aportaremos la siguiente reflexión y conclusión:

1. Como reflexión podemos advertir que hay muchas actividades, experiencias, cursos, talleres, situaciones... en las cuales las personas adultas, de una manera o de otra, participan. Pensemos en las actividades de asociaciones, entidades, colectivos, organizaciones, grupos (tiempo libre, musicales, deportivas, religiosas...), ayuntamientos... que desarrollan un número no cuantificable ni cualificable por la cantidad, variedad y diferencias entre ellas, pero sin duda alguna considerable e importante en tanto que educación informal o no formal.

2. La conclusión nos la aporta el Instituto Valenciano de Estadística cuando afirma que la instrucción escolar en el País Valenciano, en el terreno de lo que se denomina «enseñanzas no clasificadas», cuenta con un segmento de población interesante, que reclama *otras y mayores oportunidades de aprendizaje, más allá de los circuitos de educación formal establecidos.*

Consideramos que, por lo que respecta a la circulación entre intra/inter/extra sistema educativo, más que medirla con un tipo de actividades hay que aproximarse a una valoración social distinta que permita una fluidez circulatoria, la cual será posible mediante una coordinación, organización y recursos insertados en lo que se denomina calidad de vida.

La institucionalización de la EA no se caracteriza por un sistema unitario de respuestas al contexto social, ni tampoco por un sistema de regulaciones o reglas claras y sólidas, sino que es un terreno cultural de experiencias donde entran en juego las subjetividades de los agentes educativos, las instancias de determinación administrativa y, en un grado de variabilidad distinta, las redes sociales del contexto. Únicamente desde una comprensión de los intereses políticos e ideológicos que entran en juego en la institucionalización podremos superar y transformar los aspectos más negativos que dominan la vida en la EA y así construir nuevos significados y conocimientos. Superar esas situaciones y conectar lo que se enseña con los significados y experiencias de los agentes es un forma contrahegemónica de entender la institucionalización. Derribar los muros o las paredes y abrirse al «mundo» posibilita una transformación de las relaciones, comunicaciones y compromisos de las experiencias, significantes y significados que existen en las redes sociales. También supone una toma de posicionamiento crítico frente a la cultura. Resulta medular entender una construcción social del currículum que no enfrente los educadores y los educandos sino que como agentes educativos realicen una «lectura y escritura» conjunta de las experiencias sociales y personales de la realidad que los envuelve, pero también de aquélla que les ha precedido y de aquélla que tienen en el pensamiento. Este proceso de hablar, debatir, escribir, constituye la reconstrucción de los conocimientos la cual está en oposición a aquella otra que considera los conocimientos como un contenido de verdad. Es pues, desde una posición de intercambio, confianza, comprensión, relación… que se puede entender una construcción social y académica de conocimientos que afecta y se afecta para la transformación de la vida personal y social.

Nos resulta necesario pues transformar el discurso pedagógico tanto por el cuestionamiento de las relaciones de los agentes educativos como por la construcción de los conocimientos desde las experiencias y del pensamiento cultural y social que nos envuelve. Ello supone una praxis educativa que polemiza, discute y debate las formas culturales y educativas desde posiciones de teoría política e ideológica. En definitiva, nos conduce a una comprensión de los curricula como conjuntos de intereses subyacentes desde relaciones y valoraciones sociales y académicas.

Las finalidades o metas de la EA son aquellas que desde posiciones de justicia social se dirigen a la igualdad y a la libertad humana; es decir, las que hacen de los intereses y necesidades humanas un poder contrahegemónico y de transformación de la colectividad. Ello implica una imaginación, comprensión y crítica de la realidad y de las representaciones que se realizan. La transformación académica y social requiere una autoformación y una formación conjunta de los agentes educativos (principio de autoformación): una enseñanza y un aprendizaje en que la diferencia no esté tanto en un posicionamiento de autoridad o de poder sino en compartir las condiciones desde la confianza, desde la responsabilidad colectiva y desde la discusión. Desdichadamente, la realidad es más compleja de lo que nos gustaría, pero sólo desde una apuesta contundente y decidida como sujetos activos del proceso histórico podemos llegar a la transformación social.

Analizar las propias actividades y experiencias a la vez que las actividades y experiencias sociales es la base de la construcción social (discursiva y pública) del currículum de la EA para poder comprender críticamente la realidad y así poder posteriormente participar en su transformación. Un excelente ejemplo lo encontramos en Freire (1984), en distinguir entre cultura y naturaleza. Se ponen en debate saberes de la vida cotidiana que se dan como adquiridos; pero no se trata de quedarse en este nivel sino de trascenderlo a través de la acción colectiva, de hacer pública o política la concienciación crítica en la cual el pensamiento y la acción son elementos de la misma praxis educativa. La persona no simplemente está en el mundo (eso es un hecho) sino que ha de estar con él (eso es una acción). De las relaciones con la realidad se producen construcciones de conocimientos con un lenguaje, un pensamiento. La persona no deviene ignorante, ni sabia *per se* sino que cuando dialoga y comprende la realidad va adquiriendo una conciencia real de lo que le rodea.

Tanto en la enseñanza como en el aprendizaje, el progreso y el desarrollo del conocimiento original se da en el cuestionamiento de las obviedades, en la comprensión de lo natural y en la utilización de significados o conocimientos no formales que las personas adultas, como sujetos sociales, utilizan como instrumentos para aproximarse a nuevos significados. Este proceso tiene como finalidad la búsqueda del «contenido programático de la educación» (Freire, 1988:116): *el currículum*.

CAPÍTULO CUARTO

Política curricular y desarrollo de la EA

1. Introducción

Tal y como afirmamos en el capítulo siete, el origen del objeto del discurso pedagógico de la EA se encuentra en el modo de trabajo o «vita activa», el cual ha sido uno de los factores más importantes de la organización jerárquica de las clases sociales. Pero a la vez es indispensable establecer una conexión del modo de trabajo, previamente unido a los contextos y a los procesos de producción social, con la *significación imaginaria social*, la cual dirige y orienta la vida de las personas y de las instituciones que conforman la gran institución de la sociedad. Esta institución establece un complejo particular de saberes, significaciones, relaciones, comunicaciones; de tal manera que para comprender una sociedad hay que introducirse en lo que denomina Castoriadis (1994) el «magma» o significaciones sociales que unen la sociedad, las familias, los lenguajes, las ciudadanas y los ciudadanos, las cosas, los productos, los dioses, el Estado, la nación, el dinero, los valores, la música… son lo que son por la significación imaginaria social, es decir, por la propia sociedad instituyente y por el contexto histórico-social en virtud del cual aquella significación es como es. Sólo desde la autonomía entendida como apertura, el imaginario social es una creación histórica que se transforma en cuestionar y cuestionarse *por qué y si son justas las leyes y el propio orden dado*. Castoriadis (1994:76-77) considera que hay dos rupturas históricas del «magma», una sería la de la *antigua Grecia* y otra la de *Europa occidental* a finales de la Edad Media. Las dos sociedades crean un nuevo ser histórico-social que se interroga sobre su existencia, el propio orden y la propia ley social. Una persona, hombre o mujer, es tan distinta en cualquier sociedad y dentro del orden histórico social, que pertenecer a una u otra hace de ella un ser completamente distinto, tanto en lo que respecta a las necesidades, como a los intereses, como en su relación con la educación. Lo que queremos analizar, aunque a grandes rasgos, es la evolución de las *características históricas de la EA* para comprender mejor la realidad actual, pero también, explicitar *qué política curricular* y *qué códigos subyacentes* se distinguen de manera explícita o implícita en aquellas características. Eso lo realizamos desde la creencia de que el análisis histórico de la EA aporta comprensividad sobre su currículum y, al contrario, que éste está en relación con aquel análisis, de tal manera que la «doble» historia se determina y pone a prueba la expresión el «jardín secreto del currículum». Lo expuesto lo podemos representar mediante el siguiente gráfico:

Figura 1. Origen del sistema de conocimientos

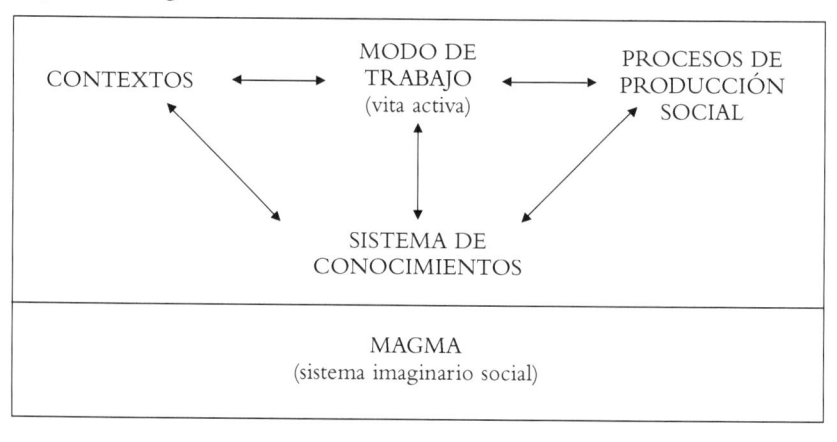

```
CONTEXTOS  ⟷  MODO DE TRABAJO  ⟷  PROCESOS DE PRODUCCIÓN SOCIAL
                (vita activa)

              SISTEMA DE CONOCIMIENTOS

              MAGMA
              (sistema imaginario social)
```

Las referencias históricas del discurso pedagógico de la EA, así como las de su currículum, las buscamos en los rasgos característicos que se han desarrollado en este campo, aunque teniendo en cuenta la falta y debilidad de las investigaciones realizadas hasta la actualidad. No es el objeto de nuestro trabajo realizar un estudio pormenorizado de esta clase, sin embargo sí que consideramos conveniente desentrañar algunas propiedades distintivas y constitutivas para comprender la realidad de la EA y, en concreto, la de su currículum.

2. Grecia y la Edad Media

Aunque no es nuestra intención realizar una descripción detallada de las etapas y de la constitución de la cultura y de la educación griega, y menos aún dar explicaciones a la manera de las ciencias positivas ya que nos daría como resultado una fragmentación y parcelación, nos remontamos a la creación del Estado o polis griega donde encontraremos los referentes de la educación occidental. Trataremos de extraer los elementos para comprender lo que denomina Lundgren (1992) «código curricular clásico»; elementos que subyacen en la propia constitución de la sociedad, en su institucionalización.

Podemos convenir que Grecia es la simiente histórico social del currículum; es decir, donde encontramos sus orígenes. La institución de la sociedad es la creación de un mundo humano con valores, lenguajes, maneras de vivir, objetos... En Grecia se crea la institución social porque se establecen diferentes ordenamientos y leyes, pero, fundamentalmente porque se constituyen formas o maneras obligatorias de percibir, concebir y actuar en el mundo social y físico.

Sobre las *polis* griegas resaltamos los siguientes aspectos:

1. La democratización de las instituciones políticas viene marcada por una prosperidad económica basada en el intercambio marítimo y en la afluencia de extranjeros: artesanos, mercaderes, esclavos ... El derecho a la ciudadanía quedaba reducido a una minoría, la cual constituía una aristocracia o clase diferente respecto del conjunto de la población.
2. La polis griega era tanto una entidad política como religiosa.
3. La afirmación de los ideales democráticos estaban ligados tanto a la expansión comercial como a la clase de pequeños propietarios y arrendatarios que se oponían a los intereses de la aristocracia terrateniente.
4. La vida «individual» y «familiar» no gozaba de consideración con respecto a la forma de enriquecimiento de la existencia humana. Ésta estaba en conexión con la vida de la *polis*.

El desarrollo de la cultura griega es el resultado de sucesivas integraciones que recogen la ética aristotélica, enriqueciéndola y elaborándola en formas cada vez más complicadas.

A principios del siglo VI a.C., Solón encarna ya el espíritu de armonía y de equilibrio con su búsqueda constante en la propia cultura griega. Pero será preciso esperar a la ilustración griega, los sofistas, con los cuales se introduce el currículum, a través de las disciplinas que más adelante se denominarán las siete «artes liberales», divididas en el *trivium* (gramática, dialéctica y retórica) y el *quadrivium* (aritmética, geometría, astronomía y música). La finalidad de estos conocimientos era el desarrollo intelectual, la formación de personalidades. Era un conocimiento que intencionadamente no se dirigía a la propia vida cotidiana sino que se trataba de buscar un *conocimiento puro*, por el cual los ciudadanos superaban y se liberaban de las ideas materiales que el mundo les imponía. Los sofistas amplían el concepto de *paideia* (educación para los niños) para pasar a significar una educación ciudadana a lo largo de la vida, sin límites de tiempo; se parte pues de la creencia en la educabilidad de la naturaleza humana. En este sentido, Platón (1993) propone toda una organización educativa desde la infancia hasta la edad de cincuenta años, cuando después de pasar un cierto tiempo dedicado a la contemplación se llega a ser filósofo.

El naturalismo aristotélico atribuye una particular importancia a cada fase del desarrollo y, en consecuencia, una didáctica gradual ligada a los sentidos y a la imaginación, así como a una educación moral conquistada mediante los hábitos y el dominio de uno mismo. Por otra parte, su finalidad atiende a la superioridad de lo teorético sobre lo práctico, es por ello que prevalece la educación intelectual. El conocimiento se constituía a partir de las formas de la naturaleza susceptibles de contemplación. La educación griega era claramente elitista y privada, dirigida a una minoría de ciudadanos. El currículum estaba basado en una significación social que tenía como objetivo desarrollar el intelecto y elevar la mente por encima del mundo material y la búsqueda de la verdad a través del espíritu de armonía, unidad y equilibrio. Se organiza la educación de acuerdo con la liberación del sujeto respecto de las ideas que el mundo material le impone.

El desarrollo del intelecto ha tenido, y tiene, a lo largo de la historia una determinación sobre los curricular, ya que se buscaba cuál era la disciplina que aportaba su base; dependiendo de la época y de las instancias ideológicas (tipos de organización social, importancia de la religión, cambios en el sistema productivo, división o clasificación social…) se han defendido entre otros el estudio y la enseñanza de: la retórica, el griego, el latín, las lecturas «sagradas», la formación moral, las matemáticas, los idiomas modernos, la preparación física, la informática… El «código curricular clásico» ha influido a lo largo de la historia occidental en mayor o menor medida, si bien dependiendo de qué institución social

(Estado-Nación-Iglesia) adquiría importancia y se alzaba como la dominante, pero también dependiendo del razonamiento y reafirmación de la hipótesis según la cual «cuanto más abstracto sea el principio de las fuerzas de producción, más sencilla será la división social del trabajo, aunque más compleja también la división social del trabajo de control simbólico (...)» (Bernstein, 1993:148 y ss.).

Cuando tratamos de ligar el sistema de producción al sistema de conocimientos hemos de hacer referencia, aunque sea puntualmente, al periodo medieval. En este periodo la relación entre el sistema de producción o división social del trabajo y el sistema de conocimiento (objeto del discurso pedagógico de la EA) era prácticamente inexistente. La razón principal la encontramos en que la transmisión para la producción manual se realizaba a través de la familia y de los gremios. La educación y el traspaso de conocimientos mentales quedaba reservado a la Iglesia, la cual no sólo no controlaba sino que imponía la moral basada en el servicio a Dios y en la sumisión y resignación a pertenecer al estamento social de acuerdo con el nacimiento y el «tipo» de sangre. La educación y, en concreto, el sistema de conocimiento «juega un papel secundario: la Universidad es sólo un camino para los segundones, que encuentran en ella el único acceso para conseguir un medio de vida acorde con su estado y condición sociales» (Puelles, 1991:20).

Los elementos en el proceso de transmisión entre producción manual/práctica y el mental/abstracto estaba de tal manera separado como los estamentos sociales mismos. La Iglesia, incluso a principios del siglo XVIII, juega un papel tan decisivo como los «poderes» que tenía otorgados. El *poder económico* constituido por: propiedades de tierras, su producción (*delme*) y la compra y venta de absoluciones tanto de los pecados cometidos ya, como de aquellos que se pudiesen cometer (Kosminsky, 1976); el *poder social* a través de la organización, la disciplina, la jerarquización, los miedos y la rigidez eran factores determinantes en la conciencia de los sujetos y del pueblo; y por último, el *poder político* traducido en el perdón de los pecados, los favores, las bendiciones y en las legitimaciones que se otorgaban. En cualquier caso podríamos afirmar que era el auténtico Estado. Es por eso que, desde el primer momento, monopoliza cualquier educación, la utiliza como un control simbólico, sobre la base de pensar un Dios de temor, de angustia... «La santidad de Dios se traduce a través de la ley de clasificaciones rituales, los ciclos de oración, en santidad de vínculo social. Cuerpo, mente y relaciones sociales se integran en la práctica cotidiana de la vida. El Dios invisible entra en la materialidad visible del vínculo social. Y la desarticulación/distancia se resuelve en la concreción de este vínculo y la alianza que celebra» (Bernstein, 1993:153-154). La importancia estaba en la Palabra de Dios, en la espiritualidad, en la adhesión, en la subyugación a la autoridad moral, en la distinción entre lo interior y lo exterior (lo que se piensa y lo que se hace). La orientación del sistema de conocimiento de la Iglesia era aquél que anteponía la palabra antes que el mundo, es decir aquellas materias que constituyen el *trivium* (lógica, gramática y retórica) sobre el *quadrivium* (aritmética, geometría, astronomía y música). No se buscaba ningún equilibrio ni armonía, la significación social era la de un *control simbólico* que venía dado por una lengua (el latín) que sólo dominaban unos pocos, de acuerdo con el sesgo de las materias del *trivium*. Tal y como afirma Puelles (1991:22): «resulta obvio afirmar que, en rigor, no puede hablarse de la existencia de un sistema educativo (…) la educación está en manos de la Iglesia sin que pueda observarse tampoco una preocupación importante por parte de la monarquía absoluta en la formación intelectual y profesional de los súbditos». En el mismo sentido podríamos decir que en el siglo XVIII, a excepción de la Universidad que también depende casi en su totalidad de la autoridad pontificia, no existe actividad de EA. Ni tan sólo el currículum corresponde al siglo XVIII, sino que aún estaba sometido a las «siete artes liberales»; las materias clásicas (escolástica) se tienen como a autoridad incuestionable.

3. De la Ilustración a la revolución social e industrial

Si ya nos hemos referido al *código curricular clásico*, es decir, a la antigua Grecia, a partir de ahora analizaremos los rasgos de las significaciones sociales y la *vita activa* de la Europa occidental, que sería la segunda gran ruptura histórica por lo que respecta al sujeto socio-histórico y a la colectividad humana.

Si hay algún periodo histórico en que podemos afirmar que existe o comienza a existir una cierta preocupación por la EA, de alguna de las muchas experiencias en que se explicita, éste sería el de la Ilustración. Tanto Fecha *et al.* (1988) como J. Beltrán, (1990) sitúan el inicio de la EA a partir de la segunda mitad del siglo XVIII, periodo que se caracteriza por las ideas propias de la Ilustración: el progreso, las reformas, la fe en la instrucción pública y que a la vez son consecuencia de los cambios sustanciales en el sistema de producción agrícola, el sistema de producción industrial, la demografía, la estructura social... y del propio sistema imaginario social.

La Ilustración es la etapa histórica de la evolución del pensamiento burgués, el cual se fundamenta en la *razón*, sin un contenido previo y convertido en un instrumento de búsqueda. Con la razón luchan contra la multitud de supersticiones tradicionales, desde las religiones hasta las estructuras sociales y políticas en uso. Tratan de superar los elementos de misterio y los divinos a través del estudio del género humano, se podría decir, que es una ideología antropológica. El progreso mediante la razón les permite ser optimistas frente al futuro y entrever la posibilidad de instaurar la felicidad. La Ilustración tiene como rasgo característico, de acuerdo con el pensamiento burgués, una concepción económica basada en el intercambio y el contrato comercial. Subyace a este rasgo un postulado de libertad e individualismo en el que la igualdad queda como un aspecto formal. Acude al método analítico e inductivo, intentando conciliar lo positivo con lo racional y se aleja de la metafísica como forma de conocimiento. La creencia en la perfectibilidad o desarrollo social y de la naturaleza humana creará un nuevo sentido de la educación y de las finalidades de ésta: a) desarrollo individual y b) socialización (ciudadanía). Pero estas finalidades no tienen un tratamiento similar y el predominio de una sobre la otra ha sido y es una cuestión que, incluso, se mantiene en el presente. El equilibrio de ambas estaría en relación con la propia teoría curricular, es decir, con la función interna y externa de la educación.

Podemos situar el origen, así como las contradicciones, de la EA en la Ilustración ya que es la época en que la educación formal se convierte en lo que denominamos sistema educativo y en el cual la educación informal y no formal se transforma en un sistema paralelo sin reconocimiento explícito y sin conexión con el formal. Cualquier referencia a la EA y a su currículum pasa por incorporarla dentro del sistema educativo. Por esta razón, los conocimientos quedan fragmentados, secuencializados y jerarquizados de acuerdo con el inicio del sistema educativo.

Desde el momento en que aparece el Estado moderno podemos afirmar que aparece la institucionalización de la EA. Progresivamente y en correspondencia con las formas y evoluciones de las sociedades, los contenidos de política educativa implícitos en ellas y la ordenación de la enseñanza se va materializando en regulaciones legislativas. No es que neguemos que no haya habido educación antes de la aparición del

Estado, sino que la regulación del sistema de conocimientos ha dado paso a la EA institucional. La educación es inherente a la propia colectividad humana, a sus comunicaciones y desarrollo; en este sentido ha contribuido al destino de las sociedades. Podríamos decir que la educación que existía en las sociedades primitivas era una modalidad informal de la educación y por tanto no institucional. La *modalidad informal de la educación* queda caracterizada por la existencialidad formativa y trasmisora de las agrupaciones humanas desde la vida en familia, los clanes, los trabajos, las ceremonias... Tal y como dice Lowe (1978:36): «2.500 años antes, Hesíodo había enunciado ya la idea de *aprender a ser*. La educación ayuda al hombre a aprender a ser lo que es capaz de ser. Muchas religiones no han parado de rogar encarecidamente a sus adeptos que estudien las fuentes para que toda su existencia pueda inspirarse». A lo largo de la historia, las tradiciones culturales y religiosas han determinado lo que podemos denominar la *modalidad no formal de la educación*, la cual tiene una intencionalidad y una organización educativa concreta si bien se sitúa fuera del sistema institucional educativo. La importancia de las religiones y, en concreto, de la cristiana, tuvo un efecto determinante con la ordenación y sistematización de las enseñanzas y, por tanto, con el comienzo de la institución educativa.

Los cambios en la producción y, en consecuencia, la división, jerarquización y clasificación sociales han provocado nuevos tipos de relación entre sociedad y Estado, y han hecho que este último utilizara la institucionalización como mediadora entre ambos. Dependiendo del poder del Estado se impondrá un determinado tipo de vínculo entre él y las instituciones sociales, algunas de las cuales eran y tenían tanto o más poder que el Estado mismo; sólo cabe pensar en la religión católica. La educación como institución, y en particular la EA en todo este inicio, estaba limitada fundamentalmente a los estamentos y clases sociales más elevadas, así como a los servidores del Estado y de la Iglesia.

A partir de la segunda mitad del siglo XVIII comienza el Renacimiento en el Estado Español, sobre todo, a partir de las obras de Arteaga, Cabanilles, Campomanes, Cadalso, Luzán, Mayans, Feijoo, Jovellanos... que preparan la entrada y la obra de la Ilustración. La minoría ilustrada se agrupa alrededor de Carlos III y trata de hacer frente a la denominada «decadencia española». Posiblemente por el «linaje» de los ilustrados y por la referencia a la corona, la Ilustración española se caracteriza fundamentalmente por dos peculiaridades: por una parte se propugna un «liberalismo económico» pero por otra se intenta y se consigue mantener un orden social tradicional, es decir, no se desea ni se quiere un «liberalismo social», ya que no se cuestiona el orden, ni la estructura social basada en la jerarquía y en los privilegios. Es en el siglo XIX cuando comienzan a sentirse las voces contrarias a este tipo de Ilustración, sobre todo a partir de los hechos de 1808. Se produce una «doble contradicción» en la Ilustración que tendrá una relación directa con las revoluciones sociales (francesa) y económica (industrial), pero que además se extiende hasta la actualidad.

Cuando se utiliza la razón con funciones racionalizadoras de instrumentalización se justifica la subordinación de los fines a los medios, se llega pues a una sinrazón ideológica. Mientras que la progresiva racionalización (aumento de la racionalidad) da paso a la progresiva superación de la instrumentalización de la razón. El sistema de conocimiento no está en relación con las finalidades sino en relación con las funciones que se proponen desde el liberalismo económico. De aquí la continua fragmentación de las disciplinas y su jerarquización que depende básicamente de los objetivos que tratan fundamentalmente del desarrollo individual, una de las dos finalidades de la educación. Esquemáticamente:

Figura 2

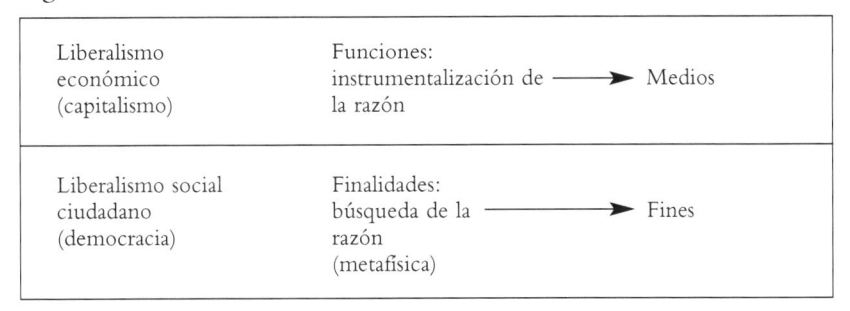

Liberalismo económico (capitalismo)	Funciones: instrumentalización de la razón → Medios
Liberalismo social ciudadano (democracia)	Finalidades: búsqueda de la razón (metafísica) → Fines

Frente a la necesidad por parte de los ilustrados de un «liberalismo económico», las soluciones y los medios son: la exaltación del poder real (con unas consecuencias negativas en el siglo XIX) y la insistencia de la «instrucción pública». Esta institución estaba en función, como hemos dicho anteriormente, de la necesidad de promover reformas económicas, con las que se alababan las nuevas técnicas y la productividad que se conseguía. Se estaba a favor de una política social de la libertad, de la ciudadanía pero sin cuestionar el propio orden, la justicia y la jerarquía sociales en que se sustentaba aquella política económica. La significación social de la instrucción del pueblo era el medio que veían los ilustrados para realizar con éxito las reformas económicas que pretendían. Por tanto, los conocimientos técnicos (*quadrivium*) comenzaron a dominar en el currículum. La economía, las ciencias físicas y naturales, la lengua nacional, y en definitiva, las enseñanzas prácticas eran tareas prioritarias de la pedagogía que priorizaban los ilustrados. En este hacer los ilustrados no podían contar con una Universidad anclada en el pasado. El objeto de aquellos ilustrados era una educación general y básica para formar los ciudadanos tanto en el aspecto intelectual como en el ejercicio de una profesión. Los ilustrados eran conscientes de que una reforma como la que pretendían era incompleta si no se le añadían otras propuestas, de aquí la creación desde el poder central de las «Sociedades Económicas del País», a imitación de la «Sociedad Vascongada de Amigos del País» fundada a iniciativa del conde Peñaflorida. Como Sociedades estaban interesadas en aquellas cuestiones prácticas de la economía: técnicas para el campo, abonos, industria, comercio, viviendas… curricula ligados a la idea de progreso económico. En el seno de las Sociedades se crean nuevas escuelas primarias y profesionales de preparación para los oficios; pero también son centros de debate público. Todo este movimiento político es cortado de raíz a partir del comienzo de la revolución francesa y del aumento en el poder de las fuerzas más reaccionarias. Pensamiento reaccionario que invoca la religión como única forma de parar el mal (liberalismo, revolución). La lucha ideológica, constante en el siglo XIX, se verá reflejada en las reformas educativas. El control de la educación será una de las piezas claves en el devenir del nuevo siglo. No podemos olvidar que al final del siglo XVIII se produce un hecho fundamental: la revolución industrial que tendrá consecuencias claves en el orden y en la organización social del siglo siguiente.

Podemos situar los antecedentes de la EA en aquellas «Sociedades Económicas de Amigos del País» (Flecha *et al.*, 1988) así como también, desde una perspectiva internacional (Fullat, 1973), podemos afirmar, al igual que Tiana (1991), que los primeros pasos que conducirán la EA como un ámbito educativo se darán en el siglo XIX. Así mismo añadimos que como parte del sistema educativo únicamente aparece a partir de las aportaciones de la UNESCO, en el siglo XX, tanto en lo que respecta al propio concepto de la EA como al de «persona adulta».

A lo largo del siglo XIX se desarrollan una gran cantidad de procesos educativos organizados de forma más o menos sistemática. Las referencias más claras son las de alfabetización, pero también hay nuevas experiencias educativas que irán conformando y constituyendo lo que será la EA. A través de las actividades educativas van apareciendo los sectores o campos de actuación de la EA: campo «compensatorio», actividades fundamentalmente incluidas en la alfabetización, el campo o sector de ampliación de la formación profesional. La necesidad de alfabetizar la población venía determinada principalmente por la revolución industrial, es decir, por la necesidad de comprender, interpretar instrucciones, igual que por saber un mínimo de cálculo. Las primeras iniciativas de alfabetización de adultos, como era de esperar, fueron en el Reino Unido y en concreto en las escuelas dominicales, iniciativas de asociaciones y de las iglesias, ya que el Estado intervino, a finales del siglo XIX, en la formación profesional con la intención de actualizar la mano de obra. Sin embargo, en Francia la iniciativa fue del propio Estado, y las experiencias fueron muy diversas.

Tal y como nos recuerda Tiana (1991:15) se impartía «un currículum muy similar a aquel de las escuelas primarias. En su cuadro de materias destacaban la lectura, la escritura y la aritmética; lo que los ingleses denominaran las tres R. Con ellas, unas breves nociones de geografía, a veces de ciencias naturales, puede ser un poco de historia y nociones de dibujo (…) Los testimonios (ingleses, franceses, españoles) abundan». Pero además de estas materias se incluía también la *formación moral*, porque había una preocupación por los conflictos sociales, dadas las profundas transformaciones que comportaba la revolución industrial. La EA se veía asociada directamente al proceso de producción social e indirectamente al mantenimiento del orden social. Si en el Estado Español, durante el siglo XIX, el enfoque moralizador procede del propio Estado, en el resto de los Estados europeos las distintas religiones tomaron la iniciativa para enseñar a los feligreses las «Sagradas Escrituras». Es muy probable que esta tarea haya comportado que las tasas de alfabetización en los países europeos al inicio del siglo XX fueran tan diferentes.

El *acceso* de las personas adultas a la educación a lo largo del siglo XIX, y en gran parte del siglo XX, no ha sido ni homogéneo ni ha devenido universal. Tanto las mujeres como la mayor parte de la clase obrera no tenían posibilidad de acceso a la educación. Si el acceso estaba restringido aún lo estaba más la *adquisición* de los códigos privilegiados de la alta cultura. Estos códigos son exclusivos de las clases sociales poderosas que procuraban, y en la actualidad procuran, en todo momento, mantener los privilegios y el control sobre la educación para, como hemos dicho antes, mantener el orden social establecido.

4. Desarrollo contemporáneo

4.1. Inicio de experiencias y primeras referencias legislativas (finales del siglo XIX y principios del XX)

En el siglo XIX además de las finalidades moralizadoras también comienza a destacarse una proximidad a la socialización política y más concretamente a la conciencia nacional. Las primeras experiencias de la EA en este sentido fueron las escuelas populares danesas donde existía una extraordinaria tradición. En España esta perspectiva se inicia sobre todo en las experiencias religiosas de los «círculos católicos» donde la moral y la conciencia nacional tienen una misma finalidad. A finales del siglo XIX y principios del XX después de la creación de los sindicatos obreros comienza también a desarrollarse una tarea en EA con una orientación de socialización política.

Las referencias a la EA son constantes a lo largo del siglo XIX:

– Informe del liberal Quintana, que recoge básicamente el «rapport» de Condorcet.
– El Reglamento General de Instrucción de 20 de junio de 1821, dentro del trienio constitucional 1820-1823, donde aparece por primera vez en un texto legal el término «educación de adultos»
– La Ley Someruelos de 21 de julio de 1838, en la que se establece (título IX) la conservación y el fomento de las «escuelas de adultos».
– La Ley Moyano, de 9 de septiembre de 1857, que en el artículo 106 establece el fomento de las lecciones de noche o de domingo para los adultos que no tengan instrucción y que quieran avanzar en conocimientos.
– En el sexenio revolucionario de 1868-1874, el proyecto de Constitución Federal de la República de 1873 exige a los municipios que financien las escuelas de adultos.

El desarrollo y la expansión económica a mitad del siglo XIX (industria textil catalana, carbón en Asturias, siderurgia en Euskadi, primeras sociedades anónimas, capital bancario…) promovieron la subida de las clases medias y, en consecuencia, de los intereses ideológicos subyacentes. Ahora bien, la actividad productiva fundamental es la agraria, con una estructura atrasada en comparación con los otros países europeos.

Entre las experiencias de la EA que se desarrollaban en el siglo XIX, fuera de las reglamentaciones administrativas, estaban las realizadas por las organizaciones confesionales pero también por las iniciativas culturales laicas, entre las cuales destacamos las actividades de biblioteca organizadas por las diferentes entidades (sindicatos, ateneos, municipios, «círculos católicos») las cuales pugnan por tener el mejor servicio. Los ateneos, a imitación del de París, (Madrid, 1820; Valencia, 1868; Barcelona, 1872) se dedicarán a actividades que iban desde conferencias y cursos técnicos y recreativos hasta actividades de teatro, pasando por las propias de la biblioteca. Las academias, los círculos y los patronatos (entre ellos los de la Juventud Obrera de Valencia) son experiencias religiosas dedicadas a la instrucción de los niños y a actividades culturales y de instrucción para los trabajadores. Su objetivo era la instrucción moral y religiosa. La aparición de organizaciones obreras fomenta el inicio de escuelas y ateneos para la clase obrera y para sus hijos. Las actividades de enseñanza se dirigían básicamente a la lectura y a la escritura.

A finales del siglo XIX destacamos como un hecho principal, la Institución Libre de Enseñanza que nace a partir de la segunda «cuestión universitaria» en la que el marqués de Orovio, ministro de Fomento con Cánovas, desarrolla en una circular dirigida a todos los rectores, la supeditación de la libertad de enseñanza al discurso más intransigente de la Iglesia. A partir de la protesta de la circular (que desarrolla el Real Decreto de 26 de febrero de 1875) un grupo de profesores son separados de sus enseñanzas y algunos de ellos confinados. Así, en Madrid, el 29 de octubre de 1876, comienza la Institución Libre de Enseñanza fundada por Figuerola, Moret, Montero Ríos, Salmerón, Azcárate, Giner de los Ríos, González de Linares, Soler, Calderón, García Labiano, Messia y Costa. Institución que según el artículo primero se consagra al cultivo y propagación de la ciencia (*Revista Educación*, 1976). En el artículo 16 se indican los estudios que la Institución establecerá: estudios de cultura general y profesional, los estudios superiores científicos, conferencias y cursos breves de carácter científico y popular, biblioteca, un boletín y concursos. La iniciativa privada de la Institución no significa, como era de esperar, la reducción del analfabetismo, pero sí la iniciativa de experiencias de la EA relacionadas con la enseñanza de la mujer, las misiones pedagógicas, las extensiones universitarias, las cuales dieron lugar a las Universidades Populares. Pero como dice Tuñón de Lara (1977:54), «(…) a los organismos de espíritu institucionalista no pueden llegar, excepto rarísima excepción, los hombres de extracción popular, sino los hijos de una burguesía "ilustrada" o de clases medias de profesión liberal (sobre todo, de la capital)». No será únicamente este sustrato social sino también los valores políticos e ideológicos que representan lo que constituirá una concepción minoritaria.

Estas iniciativas junto a otras como la Escuela Moderna fundada por Ferrer Guardia (1979) en 1901 y las propiamente clericales del padre Manjón (Escuelas del «Ave María») y los talleres de oficio de Poveda (fundador de la orden de las Teresianas) (Turín, 1975), marcan el final del siglo XIX y el inicio del XX.

El comienzo del siglo XX se inicia con la creación en 1900 del Ministerio de Instrucción Pública y Bellas Artes. Su primer ministro, García Alix, trató de «armonizar y conciliar (...) los estudios clásicos con los estudios técnicos» (Puelles, 1991:246). Le sucede al frente del ministerio el liberal y regeneracionista Romanones, quien decretó como medida más destacada la voluntariedad de la religión. La penuria de presupuestos y de dinero públicos le va a hacer desistir de la creación de una enseñanza dual: cultura general-cultura tecnológica. Las crisis económicas, la fluctuación de la política y de los gobiernos, el desarrollo del movimiento obrero y la conflictividad social marcan los primeros años del siglo, con los cuales se asiste al final de la Restauración.

Entre la abundancia de contenidos en los textos legislativos que hacen referencia a la EA destacamos:

1. Real Decreto de 25 de mayo de 1904, en el que las empresas estaban obligadas a la creación de escuelas para la educación de sus obreros.

2. Real Decreto de 4 de octubre de 1906, en el que se reorganizan las aulas de adultos y se establece que las enseñanzas serán prácticas arraigadas a los problemas y cuestiones de la vida.

3. Real Decreto de 31 de agosto de 1922, en el que se crean las Misiones Pedagógicas con el objetivo de luchar contra el analfabetismo.

4. Real Decreto del 25 de septiembre de 1922, en el que se establecen clases complementarias para completar la formación recibida en las escuelas, aplicándolas a las prácticas de taller y la preparación para una profesión.

A pesar de la multitud de referencias legislativas, la inestabilidad política y, sobre todo, la paupérrima economía dejó sin funcionar las actividades iniciadas.

Cabe destacar en este periodo la distinción entre escuelas de adultos y las escuelas de adultas. Será en la Segunda República cuando desaparecerá la distinción entre adultos y adultas.

4.2. Advenimiento de miradas esperanzadoras

Las ambiciones y esperanzas en el advenimiento de la Segunda República hacen de este periodo un mito en el cual confluyen todas aquellas ilusiones, aspiraciones y proyectos que procedían del liberalismo, de la pedagogía institucionalista y de las ideas educativas del socialismo y del sindicalismo de la clase obrera. Si hay un momento histórico de reconocimiento de la EA, éste lo podemos poner en la preocupación republicana por la educación, no sólo de la primaria, sino aquella que significa el reconocimiento y la necesidad de las generaciones adultas en el acceso al mundo de la cultura y de la educación.

De la obra legislativa sobre la EA en tiempos de la Segunda República destacamos:

1. Decreto de 29 de mayo de 1931 en el que se crea el «Patronato de Misiones Pedagógicas».
2. Orden del 1 de diciembre de 1932 (*Gaceta de Madrid*, 6 de diciembre de 1932). Habla exclusivamente de la enseñanza de adultos. Es el *primer texto legislativo que aporta una orientación y dirección del currículum.*

Esta normativa puede considerarse todo un avance y un referente de la literatura internacional sobre la EA y su currículum. No se puede olvidar el contacto de los institucionalistas con asociaciones internacionales de la EA, a principios de siglo, como por ejemplo la participación activa de Luzuriaga en la Asociación Mundial para la Educación de Adultos (Flecha *et al.*, 1988:71).

Las experiencias de la EA no acaban en las medidas legislativas de la Segunda República sino que como un periodo de confluencias de ideas de izquierda y progresistas, la educación aparece como un instrumento de lucha del proletariado, unido al concepto de clase social. Es así como aparecen los centros de cultura ligados a las «Casas del Pueblo» donde se formarán tanto los niños como las personas adultas; se potencian las Universidades Populares, con un intento de acceso de los trabajadores a la Universidad y que éstas se abriesen y difundiesen las actividades al pueblo; los Ateneos libertarios; la creación del famoso teatro «La Barraca» que pretendía divulgar tanto el teatro clásico como el moderno. Ya en la guerra civil se crean las «Milicias de la cultura»; «Brigadas contra el analfabetismo en la retaguardia»; también en este periodo se crean por decreto los Institutos para Obreros.

Frente a toda esta inmensa e intensa actividad cultural y educativa, todo se quedó en un sueño al olvidar la otra parte de la realidad, y es que si se descuida la «despensa» (una parte del binomio costiano) poco, o muy poco, puede hacer la «escuela» (la otra parte del binomio).

4.3. Una mirada unívoca: la educación nacional-católica

Con la desaparición de la Segunda República y la subida al poder de la dictadura franquista se vuelve a una enseñanza confesional única, que unida a las ideas fascistas se encamina hacia la hegemonía ideológica del régimen totalitario: la educación nacional-católica. Esta educación es la antítesis de las concepciones político-ideológicas que habían confluido en la Segunda República. La primera tarea del nuevo régimen era desbaratar el sistema educativo republicano, suprimiendo el laicismo e implantando e intensificando los dogmas, los valores y la moral más intransigente del catolicismo, depurando el profesorado y excluyendo el bilingüismo en favor del castellano. En esta situación la Iglesia se hace básicamente con el poder y con el monopolio de la enseñanza. El currículum, a nivel primario, quedaba «articulado alrededor de la educación religiosa, patriótica, cívica y educación física, por esa misma orden de importancia. En realidad, más que de contenidos es necesario hablar de "principios" que habían de regir toda la vida escolar» (F. Beltrán, 1991:60).

Durante la dictadura, la EA es como un anexo a los planteamientos ideológicos y religiosos de la educación primaria y sólo a partir de la etapa denominada del desarrollismo, años sesenta y principio de los setenta, es cuando se hace necesaria una mano de obra barata y un poco más cualificada, es cuando se plantean otras directrices, si bien son consecuencia del incipiente capitalismo. En este sentido hay que destacar la tesis desarrollada por J. Beltrán, (1990) referente a los procesos alfabetizadores en España (1939-1989) según la cual: «La idea central apunta que los procesos alfabetizadores en particular y el ámbito de la educación de adultos en general constituyen, con los rasgos que les son propios, un sólido reflejo –y en este sentido son síntomas o efectos– de las medidas educativas generales que se iban aplicando y de las formas que estas iban adoptando.» (pág. 28).

En relación con la legislación sobre la EA destacamos:

- La Ley del 17 de julio de 1945 sobre enseñanza primaria.
- Decreto de 10 de marzo de 1950 (BOE de 31 de marzo de 1950) en el que se crea la Junta Nacional contra el analfabetismo. Estas experiencias calificadas de «cruzada», están inmersas en dos procesos: por una parte, el de alfabetizar y el de aportar instrucción a la población, pero por otro, y aquí podemos encontrar una amplísima literatura sobre el tema, la de difundir la ideología nacional-católica unida a una concepción escolarizadora, con profundas repercusiones posteriormente, tal y como demuestra J. Beltrán, (1990).
- Decreto del 16 de junio de 1954, en el que se establece la organización de las enseñanzas de adultos en cuatro modalidades: alfabetización, enseñanzas suplementarias a los conocimientos básicos, ampliación cultural y clases de iniciación profesional.
- Decreto de 10 de agosto de 1963 (BOE de 5 de septiembre de 1963), sobre la lucha contra el analfabetismo. En los años sesenta se apaciguan los rasgos característicos de la ideología franquista como consecuencia del desarrollo económico y de la apertura del Régimen hacia el exterior. El sistema educativo comienza a recibir las influencias de los modelos tecnócratas (racionalidad y eficacia) pero únicamente bajo la adaptación que permitía el Régimen, es decir, libertad económica pero ni libertad política, ni igualdad. En este sentido los curricula se van distanciando de aquellos contenidos más marcadamente ideológicos. Las nuevas necesidades económicas se traducen en una necesidad de mano de obra cualificada, es por eso que se crea en 1964 el Programa de Promoción Profesional Obrera (PPO). En este contexto y después de diez años de campaña de alfabetización, las autoridades educativas (Orden en el BOE de 11 de julio de 1973) deciden considerar como «conseguidos plenamente» los objetivos de la campaña y por tanto suprimir las escuelas para la alfabetización de adultos.
- La Ley General de Educación y Financiación de la Reforma Educativa de 4 de agosto de 1970 (BOE de 6 de agosto de 1970) y la Orden de 14 de febrero de 1974 por la que se aprueban las Orientaciones pedagógicas para la educación permanente de adul-

tos. Si estas Orientaciones pueden considerarse como importantes, ha sido por su duración y vigencia, prácticamente veinte años (1974-1993) pero, sobre todo, consideramos que han supuesto el auténtico «escolarismo» institucionalizado de la EA en cuanto que:
1. se ha limitado a una tarea «compensadora»;
2. se han reducido las actividades y experiencias de la EA a las propias que se establecían para el resto del sistema educativo. Cabe destacar que, si bien los objetivos y contenidos no se seguían íntegramente en la «realidad», sí eran un nivel de referencia en las «programaciones» de la práctica. Su influencia y determinación ha llegado hasta la actualidad en propuestas como la «formulación» de objetivos. Se busca una conducta o capacidad observable para someterla a evaluación y poder realizar la «modificación» correspondiente.

4.4. Miradas limitadoras y posibilitadoras

A pesar de esta normativa, a lo largo de los últimos años han habido muchas, diversas y contradictorias actividades de la EA; pero la mayoría no se abren a otros ámbitos que no fueran aquellas del sistema educativo, unas veces a causa de los docentes, otras por las acreditaciones, otras por no considerar como actividades de la EA las actuaciones sociales, comunitarias, culturales, la formación profesional, la política de ocupación…

Los Programas Renovados para la EGB de 1981, no sólo no tuvieron en cuenta los cambios políticos y supuestamente sociales sino que fueron una *«adaptación curricular»* de las Orientaciones Pedagógicas; pero en la EA ni siquiera se molestaron en «modificar» nada. La política educativa y en concreto la curricular no ha variado desde entonces. Los discursos se construyen desde la pérdida de competitividad, desde las nuevas necesidades de la sociedad de la información, desde la modernización y reconversión de la industria, desde el progreso económico, en lugar de proponer cuotas más elevadas de justicia, de democracia y de libertad. Se reconceptualiza la teoría del capital humano mediante un nuevo lenguaje administrativo, legislativo y pedagógico, en el que «las respuestas de la administración pretenden ser técnicas, despolitizadas, lo que genera más problemas de los que pueden resolver e incrementa la necesidad de una nueva mediación administrativa» (F. Beltrán, 1991:222).

El análisis de la situación de los años setenta y principios de los ochenta puede quedar resumido por Maravall (1985), ministro de Educación socialista de entonces, «(...) la Educación Permanente de Adultos se ha desarrollado como un apéndice de la EGB, sacando inspiración, maestros y magro presupuesto. La EA ha vivido así una situación de marginalidad, a la vez que se ha visto regulada por "parcheos normativos"» (págs. 60-61). Pero después de una década, la situación sigue igual. El currículum, como hemos dicho antes, no se modifica hasta el año 1993 (Orden del 1 de junio del Diario Oficial de la Generalidad Valenciana), a pesar que va tomando posición la concepción de que la persona adulta cuenta con amplias posibilidades de construir su propio currículum a partir de una oferta educativa plural e integrada. Junto a esta concepción aparece otra *compensatoria* procedente del fracaso en la Educación General Básica o en la Formación Profesional. Según esta concepción, la EA se justifica fundamentalmente por la falta de calidad y disfunciones del sistema educativo. Se supone que si las deficiencias del sistema desaparecen no será necesaria una EA ya que las personas adultas no tendrán ninguna necesidad educativa. Fue a partir del *Libro blanco de educación de adultos* (1986) cuando se fue sustituyendo esta concepción compensatoria por una formación de base. Ahora bien, una cuestión es reconocer esta perspectiva y otra diluir la alfabetización y el efecto «desnivelador» (Flecha, 1990) que la propia reforma del sistema educativo provoca.

Por otra parte, podemos seguir el desarrollo de las ideas y funciones de la EA a través de las conferencias internacionales sobre ella, celebradas bajo el auspicio de la UNESCO. Las conferencias han sido un fórum sobre amplias, diversas y diferentes experiencias y actividades de la EA. Las orientaciones y actividades de la EA en cada país han sido diferentes, dependiendo de las circunstancias histórico-económicas y de la situación sociocultural, de aquí que las conferencias internacionales no han sido todo lo «constructivas» que era de esperar (Lowe, 1978).

Como principio la EA ha tenido y tiene una importancia en el sentido de ampliar la educación, no simplemente en el tiempo de la jornada escolar, sino a toda acción y proceso educativo que abarca todo el espacio y el tiempo de la vida que comporta la formación. Desde esta perspectiva, la EA es considerada como *su supuesto de partida* y se define como un *subconjunto de la educación permanente*.

4.4.1. De la Constitución Española de 1978 a la LOGSE

Las trasformaciones políticas de los años setenta dan paso a la Constitución de 1978, de la cual destacaríamos el artículo 27, donde se reconoce que todos tienen derecho a la educación y el artículo octavo, donde se hace referencia a la nueva Organización Territorial del Estado, y dentro de él, resaltamos las competencias de las Comunidades Autónomas (art. 148). En este sentido cabe señalar en 1982 (Ley Orgánica 5/1982 de 1 de julio) la aprobación del Estatuto de Autonomía de la Comunidad Valenciana, en la que el artículo 35 dice que «Es competencia plena de la Generalitat Valenciana la regulación y administración de la enseñanza en toda su extensión, niveles y grados, modalidades y especialidades, en el ámbito de sus competencias, sin perjuicio de lo que disponen el artículo 27 de la Constitución y las Leyes Orgánicas que, de acuerdo con el apartado 1) del artículo 81 de aquella, lo desarrollan (...)».

Por lo que respecta al Estado Español destacamos a nivel global:

- El *Libro blanco de educación de adultos*. Aparece en septiembre de 1986 y es fruto de un debate previo en el cual participan las Comunidades Autónomas (CC.AA.). Destacamos como síntesis de las propuestas las «Diez directrices para una reforma de la educación de adultos en España».
- La LOGSE: Ley Orgánica de Ordenación General del Sistema Educativo (BOE de 4 de octubre de 1990). Después de haberse publicado el *Libro blanco de educación de adultos*, la administración educativa opta por retomar la EA en el *Libro blanco de la reforma del sistema educativo* en 1989. Finalmente aparece en la Ley como el título III de la LOGSE. Desde una perspectiva global puede considerarse que recoge *parte* de las directrices del *Libro blanco de educación de adultos*, en este sentido están los objetivos de la EA (artículo 51.2). Pero las áreas de conocimientos y su articulación es una cuestión que únicamente queda enunciada en el artículo 52: «Las personas adultas que quieren adquirir los conocimientos equivalentes a la educación básica contarán con una oferta adaptada a sus condiciones y necesidades» y en el artículo 53 punto 2 dice: «Las personas adultas podrán cursar el bachiller y la formación profesional específica (...) podrán disponer (...) de una oferta específica y de una organización adecuada a sus características». La articulación y la integración en un currículum «específico» de aquellas educaciones

no formales e informales que subyacen en los objetivos (art. 51.2 apartados b) y c) quedan subordinadas a una legislación propia del «sistema educativo» (educación básica, bachillerato, formación profesional, acceso a la Universidad para mayores de 25 años). Si queda alguna duda, el artículo 54.2 delimita quién puede impartir las enseñanzas. En definitiva la LOGSE acaba por completar y sustentar el escolarismo institucionalizado de la EA. Por último, en el artículo 53.1 cuando dice que: «Las administraciones educativas promoverán medidas orientadas a ofrecer a todos los ciudadanos la oportunidad de acceder a los niveles o grados de las enseñanzas no obligatorias reguladas en esta ley», pone más que en duda cualquier posibilidad de articulación con los intereses y las necesidades de las personas, de la colectividad y en definitiva de lo que se decía en el *Libro blanco* de 1986: los «Proyectos de Base Territorial».

A modo de ilustración, consideramos conveniente recoger parte de las conclusiones del grupo de trabajo de las «Jornadas técnicas para el desarrollo de la LOGSE en materia de currículum de la EA» (diciembre de 1991):

- la estructuración del currículum en unidades capitalizables o con créditos que permitan la obtención de una titulación académica o profesional;
- organización del currículum que permita la elección de itinerarios formativos después de una orientación y de un asesoramiento previos;
- establecer mecanismos adecuados para proceder a la validación de programas no formales, mediante vías de correspondencia u homologación.

Pero además sería necesario añadir aquellas cuestiones organizativas que *determinan el currículum de la EA*, ya que éste es un campo educativo especialmente privilegiado para darse cuenta de las estrechas relaciones entre organización educativa y currículum, y que sintéticamente podemos enumerar:

- coordinación de los diferentes recursos de las administraciones;
- integración de las ofertas educativas con otros agentes y agencias que no sean únicamente el profesorado;
- realización de Proyectos Socioeconómicos y Culturales de Base Territorial, con actuaciones educativas y sociales basadas en las prio-

ridades sociales y en la conjugación y articulación de actividades de las entidades, colectivos, asociaciones… que conforman el territorio, y especialmente las de ámbito municipal y comarcal;
- organización, ubicación e instalaciones de los centros que estén en función de los Proyectos, en los cuales hay que articular la educación básica con las otras no formales e informales;
- formación de equipos multiprofesionales con educadores o agentes con una formación específica, así como unos recursos materiales de documentación y de información.

Podemos concluir, de todo este proceso de reformas y de experimentación curriculares, que ha habido una falta de definición y de decisión de política curricular desde la administración, la cual ha dejado y deja una desregularización institucional. Sin embargo, las instancias administrativas han participado en continuadas reuniones entre las administraciónes autónomas y la estatal y han sido la instancia de mediación y determinación curricular (F. Beltrán, 1994, 1995) de tal manera que han reemplazado las indefiniciones políticas. En otras palabras, podríamos decir que la desregulación curricular ha sido una consecuencia de la desregulación de la política educativa que ha dado paso a unas prácticas de la EA desreguladas, si nos atenemos a las finalidades y tareas que tiene encomendadas. Considerarmos, por otra parte, que estas desregulaciones se sustentan en una determinada racionalidad y regulación de política económica sectorial basada más en una oferta-demanda del mercado y funcionamiento del sistema económico, que no en otras de política curricular democrática.

Otra de las conclusiones que podemos extraer es la *«doble» concepción de las prácticas de la EA*. Una fundamentada en el escolarismo compensatorio, basado en la idea de aquellas personas que no han conseguido la acreditación correspondiente en la «edad correspondiente», y la otra fundamentada en una «educación básica» abierta a las integraciones de la educación informal y no-formal, en las que las necesidades personales y colectivas han de estar valoradas y recogidas institucionalmente. A todo ello hay que unir las indefiniciones en la formación de un profesorado de Educación General Básica (EGB) y un cuerpo de inspectores que trabajan dentro de un «escolarismo» de la EA y que están normalizados por las prácticas rituales del sistema educativo. Estas conclusiones han determinado y delimitado la política curricular de la EA, sus posibilidades y limitaciones.

CAPÍTULO QUINTO

El entorno social del currículum

El análisis del desarrollo de las sociedades, de las actividades de la vida social, de la construcción social del conocimiento, nos permite situarnos en el *entorno del currículum*, a partir del cual averiguar los elementos, los componentes, las características y las estructuras que lo constituyen y lo determinan. Además serán la base para sustentar la fundamentación comprensiva del discurso pedagógico de la EA.

La sociedad, como entorno del currículum, es un concepto abstracto en el sentido que podemos considerarla como una construcción mental para las personas, que se manifiesta en las prácticas institucionales, sobre todo, en aquellas más próximas a ellas: vecindad, familia, amistades, compañeras, compañeros... mediante un proceso de interconexión y de comunicaciones. También es un producto histórico de la colectividad que surge y se distingue por un origen o pasado común, por un espacio común para actuar y en el que se satisfacen las necesidades de los miembros. Pero será a través del debate sociológico entre modernidad y posmodernidad, en el cual se establece la lucha por interpretar la realidad social del presente, las contradicciones, las relaciones, las comunicaciones... desde donde centraremos el discurso del capítulo.

La modernidad (Touraine, 1993:262) «es la antitradición, la inversión de las convenciones, las costumbres y las creencias, la salida de los particularismos y la entrada en la edad de la razón». La posmodernidad fundamenta la necesidad de dejar por acabada la modernidad con la excusa de que hemos entrado en una sociedad de la comunicación, de los medios de comunicación (Vattimo *et al.*, 1994). Pero donde realmente se encuentran las discrepancias entre estas tendencias es en el *análisis sobre la cultura* y en las interpretaciones que se realizan sobre los movimientos culturales y sociales que en el subyacen. La modernidad como tarea inacabada tiene en la obra de Horkheimer y Adorno el gran aforismo sobre el olvido de la Ilustración; la dominación del hombre sobre la naturaleza revierte posteriormente en un dominio de ésta sobre aquél. Construida en un discurso apórico, propio de la libertad de pensamiento ilustrado, los autores propugnan la superación de la escisión entre razón y naturaleza. Su pensamiento es toda una reflexión y una *ilustración* sobre la capacidad emancipadora y dialéctica de la razón en el mundo. Puede ser la complejidad de sus propuestas, pero sobre todo el oportunismo intelectual, ha provocado que «los posmodernistas» cojan parte de esta obra para sustentar, cuando no fundamentar, la autodestrucción y eliminación de la Ilustración. Sin embargo, serán Horkheimer y Adorno (1994:52-53) quienes nos harán reflexionar mejor frente a las posturas posmodernistas cuando exponen que:

> «lo que los férreos fascistas hipócritamente elogian y los dóciles expertos humanistas ingenuamente practican, la incesante autodestrucción de la Ilustración, obliga al pensamiento a prohibirse hasta la más mínima ingenuidad respecto a los hábitos y las tendencias del espíritu del tiempo (...) No albergamos la menor duda (y ésta es nuestra *petitio principii*) de que la libertad en la sociedad es inseparable del pensamiento ilustrado.»

La *idea de progreso* con la de la *racionalización* y la de *libertad* individual y colectiva son las que mejor representan la politización de la filosofía de la Ilustración: hay que organizar la sociedad para que sea motor y creadora de modernidad. Cuando se habla de racionalización se pueden expresar dos cosas: una primera que hace referencia al espíritu científico y crítico y una segunda que designa el taylorismo y los otros métodos de organización que someten el trabajo de las personas al servicio de los beneficios del mercado, fundamentalmente en supuestos que se dicen científicos. Horkheimer y Adorno denuncian la segunda interpretación, en ella se produce la degradación de la «razón objetiva» en «razón subjetiva»; es decir, una visión racionalista del mundo en una acción puramente técnica o de racionalidad tecnológica, la racionalidad es puesta al servicio de las «necesidades» de los consumidores. Ello es consecuencia del lema que propone Weber (1985) respecto de toda investigación alrededor del racionalismo: «es posible "racionalizar" la vida desde los más distintos puntos de vista y en las más variadas direcciones» (pág. 80).

De la modernidad resaltamos la evolución y la transformación de las estructuras centrales de la sociedad, es decir, las revoluciones «sociales» y «políticas» (Dahrendorf, 1990). La denominada «revolución social» se ejemplifica en la evolución temporal de la revolución industrial. La denominada «revolución política» es un cambio rápido de los que se encuentran frente a la «pirámide social», se produce en un espacio de tiempo relativamente corto, con una acción explicitada y normalmente violenta; el ejemplo histórico sería la revolución francesa. En cualquiera de los dos casos la clase burguesa y sus intereses políticos y económicos proceden de la convergencia de los dos habitantes (burgués y ciudadano). Si bien la revolución industrial fue una revolución de *provisión* y de incremento económico, en la otra, la revolución francesa, fue una revolución de *titularidades.* Para la burguesía abría un progreso de los derechos del hombre y del ciudadano, es decir, de la libertad. Pero, y aquí está la paradoja de Dahrendorf (1990), las dos están separadas y la libertad ya no se sabe por dónde para; tal y como admite el mismo autor: «La paradoja de Martínez (la revolución en Nicaragua ha transformado un mundo de abundancia para unos pocos en un mundo escaso para todos) cuenta la historia mediante el contraste entre provisiones sin titularidades y titularidades sin provisiones» (pág. 25). Según Dahrendorf, sólo dos países (Gran Bretaña y EE.UU.) han encontrado el camino para la resolución del conflicto tanto para llegar a la sociedad civil como a la economía de mercado. Estaríamos de acuerdo con él, dentro de su lógica conservadora, en cuanto que el bienestar humano exige a la vez «titularidades» y «provisiones». Si el origen del conflicto de clases sociales se encuentra en la estructura de poder, la superación de las asimetrías que provoca está en relación con la distribución de las oportunidades vitales. La sociedad libre sería pues aquella que mantiene un equilibrio y que progresa entre aquellas titularidades y provisiones.

1. CLASES Y RELACIONES SOCIALES

Cabe considerar que el sujeto no pertenece únicamente y siempre a un mismo grupo. Ahora bien, cuando la «accidentalidad» de pertenencia a un grupo cesa y se encuentran la personalidad y el grupo en una relación más o menos estable se pasa a lo que se denomina «comunidad». La comunidad posee una organización y un orden de valores relativamente homogéneos, en ella el sujeto se vincula socialmente y hace que la vida cotidiana integre aquellos valores y normas que comprenden una forma ética de comportamiento personal. El grupo es la forma más primitiva de la comunidad, aunque en la sociedad burguesa se opta por los grupos y no por las comunidades, ya que sirven mejor a sus intereses, es decir, a las particularidades, a la disolución incluso de los mismos bajo formas institucionales que se desintegran en forma de *masa* y que potencian el aspecto más pernicioso del ser humano, su manipulación, su conformismo, su alienación.

La comunidad no simplemente tiene la función de «mediar» sino que algunas objetivaciones únicamente se pueden realizar por las propias actividades del grupo, de aquí la importancia que adquieren las relaciones personales dentro de ellas, bien reproduciendo códigos lingüísticos, bien produciendo «culturas primarias» o «maduraciones» a lo largo de toda la vida de los sujetos. Es necesario recordar aquí las palabras de Marx (1972) cuando dice que: «sólo el hombre real, individual, asume en él mismo el ciudadano abstracto (…) sólo cuando el hombre ha reconocido y organizado sus «propias fuerzas» como fuerzas sociales, (…), sólo entonces se habrá cumplido la emancipación humana» (pág. 50). Romper el *tiempo* de lo cotidiano, de las actividades, de los hechos, del pensamiento, es romper con el dilema satisfecho-malestar, felicidad-desgracia, es romper con la rutina de la vida diaria, con los prejuicios, y apostar por las posibilidades, para las utopías del ser humano. Las *experiencias cotidianas* (en el trabajo, en las relaciones con los vecinos, en las amistades) aportan tanto la rutinización (particularidad) como la organización emancipadora de actividades (genericidad). Dirigirse hacia unas u otras es una manera ideológica de enfrentarse a la realidad como sujetos.

La clase social es el contexto donde se desarrolla el propio sujeto y es en ella donde se elaboran las normas y los usos que median entre lo particular y lo genérico. De acuerdo con Heller (1991) admitimos que «sean quienes sean los grupos concretos en los cuales el hombre se apropie de las habilidades necesarias para la vida cotidiana, dependen también, en gran medida, de la totalidad de la sociedad y, en el interior de ésta, del lugar que el hombre asume en la división social del trabajo» (pág. 70). De ello deviene la importancia que tiene el lugar o la situación que ocupa la persona en la división social del trabajo, tanto con respecto a la clase social como a las situaciones de aprendizaje y a la construcción social de los conocimientos. Siguiendo en la misma línea podríamos afirmar que no todas las clases sociales tienen las mismas oportunidades para la maduración o formación de las personas.

El concepto de clase social (Carabaña y de Francisco (com.), 1994, Ortí, 1993; Parijs, 1994; Wright, 1994) es determinante para el análisis de los conflictos y de los cambios sociales; y dentro de él, sus elementos estructurales constitutivos: la formación, la conciencia y la lucha de clases. La formación se refiere a la organización de los sujetos alrededor de sus intereses; la conciencia es la comprensión de aquellos intereses que tienen los sujetos organizados y la lucha de clases es la lucha de los sujetos colectivamente organizados.

La propia acción de los sujetos y el desarrollo de la sociedad dependen de la estructura de clase. Si esta estructura es importante es porque trata de entender como los contextos macroestructurales constriñen el desarrollo de los sujetos y, al revés, como éstos afectan e influyen en los ámbitos macroestructurales. La posición o situación de las personas no es única, sino que puede variar dependiendo de diferentes experiencias sociales provocadas por una base material que las genera y que presupone unos «intereses materiales». Pero los intereses no constituyen por ellos mismos la creación de las experiencias sino que hay que añadirles, al igual que al concepto de clase (Poulantzas, 1977), lo político y lo ideológico, la superestructura que tiene igualmente un papel importante. El conjunto de experiencias configura activamente la comprensión subjetiva del sujeto, es decir, su propia conciencia. Las experiencias y las relaciones sociales se conectan, se modifican, se desarrollan en el conjunto de prácticas de producción, que se denominan sociales, culturales, materiales, bienes de consumo, organizacionales, bienes de cualificación educativa...

La desigual explotación (propiedad o control) de los recursos productivos amplía a una «visión multidimensional» el concepto de clases sociales, que queda sustentado en una intersección compleja de las formas de explotación. Los «efectos» del concepto de clase están mediatizados por la política, por las relaciones de clase y por sus intereses. De aquí la importancia que proponemos dar al discurso político de la EA y a su desarrollo curricular en el cual hay un tratamiento, no sólo de sujeto o persona adulta, sino también, de las relaciones colectivas que aportan una especial centralidad a la construcción o reconstrucción de la democracia. Distinguimos entre lo *político* que haría referencia a la «superestructura jurídico-política del Estado» (Poulantzas, 1978:33 y ss.) y *la política* que vendría a ser la «lucha de clases» (Marx y Engels, *Manifiesto comunista*) por el control de los recursos productivos (titularidades y provisiones), «el aceite del motor» de la historia.

Siguiendo a Gramsci, consideramos que cualquier persona es política, filósofa, no en el sentido profesional, sino desde una concepción espontánea; y desde aquí se fundamenta la necesidad de ascenso de las clases populares a su autonomía o progreso intelectual. En la persona, el desarrollo del pensamiento aportará los criterios para corregir las deformaciones que aporta la hegemonía cultural sobre el sentido común. Sentido común que, aunque sea el punto de partida, es necesario superar de forma crítica para llegar a aquel progreso intelectual. Recordemos que para Gramsci (1985:41) «el comienzo de la *elaboración crítica* es la *conciencia de lo que realmente* es, un "conocerse a sí mismo" como producto del proceso histórico desarrollado hasta hoy, que ha dejado en ti una infinidad de huellas, recibidas sin beneficio de inventario. De entrada conviene hacer ese inventario» (cursiva nuestra). Para esta tarea Gramsci propone la colaboración entre los intelectuales y las clases populares para hacer políticamente posible un progreso intelectual de las clases más desfavorecidas socialmente y no sólo de grupos reducidos de intelectuales. La conciencia, y especialmente la política son la fase previa de autoconciencia crítica en que teoría (intelectual) y práctica (clases populares) se unen en un devenir histórico.

Por otra parte, si nos adentramos en cuestiones referidas a ¿cómo es esta sociedad?, ¿hacia qué sociedad nos dirigimos?, ¿cuál es o cómo se considera la relación de la educación con la sociedad?, existe una multidimensionalidad de tratamientos por diferentes autores, pero destacamos tanto la obra sociológica de Giddens (1995:561-708) como la de Inglehart (1991, 1992). Nos centramos en este último autor y en sus análisis, en distintos países de los denominados «occidentales e industriales», sobre el desarrollo de valores y actitudes sociales. La relativa estabilidad económica de las poblaciones occidentales («provisiones») ha provocado unos cambios de valores, que sólo se pueden apreciar desde una perspectiva longitudinal, y de habilidades, que han influido en las transformaciones a nivel de sistema y a nivel individual. Inglehart demuestra que el cambio cultural está relacionado con los cambios sociales, los políticos y los económicos. Ese cambio ha de apoyarse en la *confianza interpersonal*, en el *compromiso* de la población con las instituciones democráticas, y considera entre los mejores indicadores de esta orientación la satisfacción con la propia vida. Pero antes de entrar en las conclusiones de sus estudios resaltaría la explicitación, por parte del propio autor, sobre la deficiencia de su análisis ya que considera la base de datos demasiado corta a nivel de masas y a nivel racional, lo que supone relativizarlos. Atendiendo a una agrupación y clasificación por temas resaltamos las siguientes conclusiones:

1. Los *factores culturales* tienen una gran influencia sobre la continuidad de la democracia e influyen en el desarrollo económico.

2. La seguridad *física* y económica da lugar a un nivel de bienestar objetivo de satisfacción que incluso dirige a las personas hacia metas cuantitativamente distintas. Se produce un cambio intergeneracional de valores materialistas hacia otros posmaterialistas.

3. Los *temas no-económicos* ocupan un lugar cada vez más importante en los discursos y polarizaciones políticas. La *dimensión materialista/posmaterialista* son dos formas de ver el mundo. La materialista tendría como prioridad las necesidades de seguridad y de sustento económico o la satisfacción de las «necesidades fisiológicas»; mientras que la posmaterialista se dirigiría a la satisfacción de necesidades no fisiológicas como las estéticas, las intelectuales, el sentido de pertenencia y de autoestima o «necesidades sociales y de actualización».

4. El *cambio de valores posmaterialistas* va unido a cambios en las formas tradicionales de religión, hacia normas y roles sexuales y hacia una remodelada visión política. Estos cambios se dan por dos factores fundamentales: los niveles personales de seguridad económica y el surgimiento y mantenimiento del Estado de Bienestar.

5. La *dimensión materialista y posmaterialista* ha tenido una gran importancia en el surgimiento de los movimientos sociales, los cuales son producto de un aumento del nivel de habilidades políticas entre las poblaciones.

6. Los *movimientos sociales* representan un nuevo tipo de participación política (Dalton y Knecher, 1992; Offe, 1992; Riechmann y Buey, 1994). Esta participación está conformada por los valores, por la ideología y por la habilidad política del individuo.

7. La *educación* es el indicador del estatus económico, del estatus social, de la seguridad e indicador de la destreza de comunicación. Según Inglehart (1991) la educación es un indicador clave del tipo de valores defendidos porque se aproxima más al factor de la seguridad formativa y al grado de prosperidad que tuvieron los padres.

8. La *educación formal y la experiencia laboral* influyen y ayudan a desarrollar habilidades políticas relevantes. La *educación* explica tanto la variación en la participación política como la nacionalidad, aunque se tengan en cuenta otras variables como el sexo, el tipo de valores, la edad…

9. Cada vez más las poblaciones occidentales *no viven de la fuerza del trabajo* sino que pasan las horas productivas en interacciones distintas con otras personas. Los esfuerzos ya no se centran en la producción de obje-

tos materiales, sino en las *comunicaciones y en el procesamiento de la información*.

10. Las *orientaciones sociopolíticas* de los países europeos tienen componentes de una gran estabilidad. Mientras que las cohortes de edad más jóvenes tienden hacia valores posmaterialistas, pasa lo contrario con los de mayor edad.

11. El potencial de *participación política* en los países occidentales ha aumentado por unos niveles educativos y de información política más elevados, por normas cambiantes respecto a la participación política de las mujeres y por los cambios valorativos que dan más prioridad a la autoexpresión individual.

12. Ya que las personas cuentan con un gran número de canales de información dependen *cada vez menos de las redes de organización* (sindicatos, partidos, iglesia…). Los *partidos políticos* ya no reflejan adecuadamente los temas conflictivos. Según Inglehart (1991:403) ha surgido un nuevo eje de polarización basado en «temas culturales» y de «calidad de vida».

13. Aparece una *«nueva clase»* social conformada por élites tecnocráticas y por profesionales con valores posmaterialistas y con altos niveles de educación y de información.

14. Como conclusión de todas las anteriores y dada la transformación que se está produciendo intergeneracionalmente, induce y se afirma, por parte de Inglehart, a un cambio cultural.

Cuando realzamos estas conclusiones queremos resaltar dos ideas interrelacionadas: la importancia que se da, de una parte, a la educación y, de otra, a la participación política en los cambios de valores. Una y otra justifican la necesidad de un currículum de la EA que tenga en consideración estas orientaciones y dirija su transformación y su construcción a reforzar los objetivos de la modernidad. Sin embargo esta discusión referente a los cambios de valores no ha cuestionado una pieza central «el alejamiento en las orientaciones de valor de la civilización industrial que puede observarse en buena parte de la población» (Dubiel, 1993:20). Consideraciones como la de observar la *actividad* como un valor emergente sobre el del *trabajo-empleo* supone tomar medidas en una política de redistribución del trabajo y del tiempo liberado (Gorz, 1997; Offe, 1997). En cualquier caso, tanto la actividad como el tiempo libre nos conducen a un crecimiento de las responsabilidades y de la autonomía.

Y es que hay que retomar el discurso de la modernidad como tarea inacabada y camino en constante realización que no juzga las conductas de acuerdo con una ley, sea divina o de utilidad social. La modernidad tiene como finalidad la *felicidad*, sentirse sujeto humano y en la misma medida ser sujeto social, reconocido actor de su conciencia, de su libertad. Sin entrar en su contenido, por discrepancias, en el ámbito de la EA, Flecha (Giroux y Flecha, 1992) y J. Beltrán (1993) tratan la modernidad como proyecto inacabado (Habermas, 1988) y a la EA como una de las tareas pendientes. Para J. Beltrán (1993) la modernidad es un proceso reflexivo que cuestiona la actual sociedad y las legitimaciones que devienen de la modernización simple, «gestión de la adaptación» (pág. 13). En la situación actual en la que se encuentra el sistema educativo admitimos, de acuerdo con Gimeno (1994:10), que el debate sobre la modernidad: «(...) parece adormecido y ocultado por tecnocratismos políticos y pedagógicos, que no es el reflejo de otra cosa que el anquilosamiento cultural, de la infravaloración fáctica de la escuela, de la resignación frente al *statu quo*, y del empobrecimiento de la escuela como institución ilustrada».

La sociedad actual (denominada moderna, contemporánea, posindustrial o programada) queda caracterizada por la carencia de relaciones entre las personas y la dominación de la vida privada. Se ha convertido en sociedad de masas, la cual destruye tanto la esfera pública como la privada. En este sentido resulta necesario la reconstrucción del sujeto o persona adulta que se relacione, que se comunique por la esfera privada y pública de su contexto.

2. Sujeto o Persona Adulta

El sujeto no es el individuo, es el ser-para-el-mismo, el ser-para-el-otro o mejor el ser-para-el-nosotros. No es aislable de la racionalización, ya que ésta le aporta aquellas características que hacen de él todo lo contrario de lo privado; como dice Touraine (1993:293), se «impone el retorno a una visión dualista del hombre y de la sociedad, que ponga fin al orgullo de una razón que creía necesario destruir sentimientos y creencias, pertenencias colectivas e histórica individual». El sujeto necesita de un espacio público (*Oeffentlinchkeit*) de reconstrucción de la vida social y de su consideración como productor y no sólo como consumidor. Espacio que le aporta y le pide libertad para defenderse y reconstruirse contra todo lo que el transforma en objeto, en instrumento de otros. En la frase marxista «el hombre se hace a él mismo», se captan las distintas posibilidades que se ofrecen a las personas para intervenir en la naturaleza, para transformarla en un medio de vida, es decir, para producir, transformar y transformarse. Desde la lógica dialéctica el sujeto evoluciona a través de las contradicciones que determinan el contenido y el desarrollo de la realidad, en otras palabras, trata de desenredar las contradicciones y superarlas a través de las interacciones entre la vida del sujeto y la vida social.

Definimos el *sujeto* como el actor, como constructor de la experiencia y de la situación social, como movimiento social, como contestación del orden, como reivindicación de la libertad individual y colectiva. En él, la reflexibilidad y la voluntad, como características de su transformación y de la de su entorno, le aportan la imaginación o la capacidad de creación simbólica. El sujeto no puede separarse del actor social, de la red de roles sociales que tiende a organizarse de acuerdo con la lógica de integración en el sistema y de los controles que se ejercen sobre los actores. El mundo es una construcción humana basada en la acción de los sujetos, la cual está relacionada con el conocimiento. Así, el sujeto es el obrar y la sociedad es la estructura, las sociedades están construidas por las interacciones del obrar con las reglas y recursos de la estructura.

En el fondo del pensamiento de Marx (Althusser, 1978; Lefebvre, 1969, 1974; Kelle y Kovalzón, 1977; Marcuse, 1972) descubrimos una búsqueda continua sobre la relación entre la actividad humana y sus obras. El «sujeto» es la persona social, el individuo en relación con la comunidad, las clases y la sociedad. Por contra, «el objeto» son las cosas sensibles, los productos o las obras de la actividad del «sujeto». Así, el mundo de los objetos es producido por el sujeto, no por el individuo. Tal y como admitiría Kant (1994), los objetos son el resultado de los actos de la «intuición» (espacio y tiempo) y de las formas del «entendimiento» (las categorías) que son comunes a todos. Los actos están determinados y constituidos tanto por las condiciones mismas de la experiencia como por las formas de operar del aprendizaje y el comprender. Pero será mediante los actos que componen el proceso de trabajo, en el cual los sujetos están inmersos, que se transforman las condiciones naturales de la existencia humana en condiciones sociales y por tanto en el medio para la liberación. El trabajo, pues, es el medio para la verdadera autorrealización del sujeto o persona adulta. Tal y como señala Marcuse (1976:277), «Marx considera la abolición de la propiedad privada simplemente como un medio para la abolición del *trabajo alienado* y no como una finalidad en ella misma (...)» (la cursiva es nuestra). En oposición a este trabajo alienado está el *trabajo libre* el cual nos dirige realmente hacia la liberación como seres humanos.

Es necesario el distanciamiento del sujeto respecto de la integración y de los controles del mercado para que su libertad se transforme en esperanza de vivir cada vez más como persona. Como afirma Touraine (1993:380), «no hay Sujeto personal al margen de un sujeto colectivo, es decir, de la unión de una libre voluntad colectiva y de una memoria histórica». En la dialéctica individualidad-colectividad cuando una de ellas se niega, la otra acaba por «convertirse en lo mismo que se niega, en el individuo único y absoluto» (Sebreli, 1992:190). Pero el *Sujeto no histórico* de Touraine apela a la libertad del sujeto, a la idea de movimiento social y está opuesto a la lucha de clases. Este sujeto queda limitado, por no decir reificado, y ya que toda reificación es también un olvidado ¿no será esta pérdida de recuerdo histórico un olvido de la Ilustración? La Ilustración como la capacidad reflexiva de autoguiar el propio pensamiento a través de la razón es la base de la búsqueda del sujeto que lucha contra la racionalidad técnica, es decir, la racionalidad del dominio del mercado que le niega el cuerpo y el ánima.

La evolución de los habitantes de las dos «ciudades» de la modernidad, con los *burghers* (burguesía) y los *citoyens* (ciudadanía), los primeros con la heráldica del crecimiento económico y los segundos con aquella de la igualdad social, nos muestran la dualidad del sujeto en las revoluciones y en los propios conflictos sociales. El concepto de libertad necesita tanto de la prosperidad como del espíritu de ciudadanía, en una relación o interacción en que la diversidad y la discrepancia tienen sus lugares respectivos para ofrecer a todos las más amplias oportunidades vitales.

Por otra parte, la historia es el campo donde se crean las simbolizaciones, donde emergen los significados, por tanto no tiene sentido por ella misma. Son los sujetos quienes crean el *sentido,* tanto de lo sensato como de lo (a)sensato, en la sociedad. Ésta es siempre histórica y viene a ser la gran institución donde se constituyen y se continúan las normas, los valores, los lenguajes, los métodos... que permiten al sujeto crear sentido. Sujeto que está en continua autocreación en la dimensión espacio-temporal, está continuamente «por-ser» en un proceso o principio permanente. La sociedad viene a ser la realidad objetiva, la realización del sujeto. Ésta es la concepción que Hegel resumió en una de sus proposiciones más fundamentales, a saber, que el ser es, en sustancia, un «sujeto» (Marcuse, 1976). El sujeto queda penetrado y penetra en el contenido de la naturaleza y en la historia a través de la racionalidad de la realidad, la cual tiene como categoría más importante la libertad del sujeto. Libertad que permite al sujeto poder actuar de acuerdo con el conocimiento de la «verdad» y poder dar forma a la realidad conforme a sus potencialidades.

Desde la naturaleza y el valor de la igualdad y libertad de los sujetos hay que desmitificar determinadas cuestiones científicas de gran apogeo en la EA. Hay disciplinas que intentan «medir» los sujetos respecto a valores como por ejemplo el coeficiente de inteligencia el cual si:

«(...) mide algo –de lo cual puede dudarse bastante– y suponiendo que lo que mide puede separarse de todas las influencias posnatales sufridas por el individuo –lo que me parece aún más dudoso– sólo mediría en definitiva la inteligencia del hombre en cuanto inteligencia animal (...) Ningún test mide ni podrá medir nunca lo que constituye la inteligencia propiamente humana, lo que marca nuestra salida de la animalidad pura, la imaginación creadora, la capacidad de establecer y de crear cosas nuevas. Semejante «medida» carecería, por definición de sentido» (Castoriadis, 1994:137).

3. Las actividades sociales

La principal característica de la vida social (en la cual se desarrolla la persona) es que ella misma está llena de hechos, los cuales se pueden contar como una historia, una biografía, una clase de praxis. En ésta, la acción y el discurso son dos actividades, cuyo resultado será una historia plural que hace de las personas diferentes e iguales; iguales para llegar a entender, a planificar, a prevenir las necesidades de lo que llegarán a ser después, y diferentes en tanto que las personas nos diferenciamos las unas de las otras. El discurso y la acción destacan la cualidad de ser diferentes. Sólo en la acción de la «*vita activa*» (Arendt, 1993) ocurren estas diferencias, las cuales nos permiten insertarnos en el mundo, manifestarnos que somos, nuestra personal y única identidad. El discurso y la acción se dan entre las personas y retienen la capacidad de objetivación. A través de ellos, nos interesamos sobre los asuntos del mundo y también de ellos surgen los *intereses* que inducen a la relación y que unen a las personas. Las actividades cotidianas que se realizan habitualmente son un elemento básico de la actividad social que se extiende por la dimensión espacio-temporal y que se fundamenta en lo que saben los sujetos sobre lo que hacen y sobre las razones de su hacer; en este sentido se ha de considerar la obra de Berger y Luckmann (1993).

En los sistemas sociales se expresan las rutinas de la vida cotidiana con la mediación de las propiedades físicas y sensoriales del cuerpo humano, es decir, con la seguridad ontológica del gobierno corporal. El sentimiento de confianza proviene de aquellas rutinas predecibles en los contextos sociales mediante los cuales el sujeto se desarrolla en el curso de una vida cotidiana.

Para poder partir de una concepción de vida, no podemos dejar de recordar a Lukács (1985, 1991) y concretamente cuando dice que:

«La sociedad sólo puede ser comprendida en su totalidad, en su dinámica evolutiva, cuando se está en condiciones de entender la vida cotidiana en su heterogeneidad universal. La vida cotidiana constituye la mediación objetivo-ontológica entre la simple reproducción espontánea de la existencia física y las formas más altas de la genericidad ahora ya consciente, precisamente porque en ella de forma ininterrumpida las constelaciones más heterogéneas hacen que los dos polos humanos de las tendencias apropiadas de la realidad social, la particularidad y la genericidad, actúan en su interrelación inmediatamente dinámica» (1991:11-12).

Definir la vida cotidiana como un conjunto de actividades que caracterizan la reproducción de los hombres particulares constriñe el propio concepto, ya que la vida cotidiana ofrece otra vía además de la reproducción: la producción. Denominamos producción a la forma compleja de objetivación de la persona o forma consciente de la genericidad y es a través de ella que la persona adulta actúa mediante las acciones como un ser comunitario-social, que va más allá de su ser particular. Así pues, conceptualizamos la vida cotidiana como el conjunto de actividades que caracterizan la reproducción («particularidad») y la producción («genericidad»). La producción es una guía para los rasgos de la esencia humana (el trabajo, la socialidad (historicidad), la conciencia, la universalidad y la libertad) en la cual lo particular deviene sujeto conscientemente genérico en su vida social, admitiendo que la particularidad siempre está en los actos incluso del sujeto mismo.

Cualquier sujeto que supere su particularidad, y que se integre dentro de la perspectiva de la genericidad, está en condiciones de participar activamente en las decisiones y actividades políticas. La otra vía sería aquella que considera los ideales particularistas como solución de sus intereses, lo que nos lleva a integraciones en la sociedad capitalista y ésta se dirige a deshumanizar la vida. En este sentido, se hace necesaria una reconceptualización de la cotidianidad a través de las actividades desarrolladas y dirigidas a la creación de nuevos estilos de vida. La cotidianidad se configura como producto de la dimensión político-social, una nueva cultura democrática ligada a aquellas actividades dirigidas a la genericidad.

La dimensión política no se objetiva sólo en la ideología, sino también en las instituciones que son las que mantienen unidos los estratos, clases y grupos sociales más diversos: desde los sindicatos hasta el Estado. La actividad política se desarrolla en la «conciencia del nosotros», en el interés de una determinada integración en la ciudad, el estado, la comunidad y la clase social. Esa conciencia del nosotros es una lucha política de las clases más oprimidas por un *mínimo de conciencia* colectiva. La actividad política adquiere la máxima expresión en los conflictos de clase, es decir, en la consecución del poder para mantener el *statu quo* social.

La libertad se localiza fundamentalmente en la esfera política, en la esfera pública. En la polis griega los ciudadanos conocían la igualdad, mientras que la familia era el centro de la desigualdad. En la Edad Media el cambio es de ciento ochenta grados: hay una absorción de la esfera de lo público dentro de la esfera doméstica o privada. Si bien lo público hace referencia a lo político, el sentido moderno de lo privado está tan opuesto a la esfera social como a la política. La palabra *público* significa por una parte todo lo que aparece en público y que puede ser visto y escuchado por todos; y en segundo lugar, el termino público significa también el mundo mismo, lo que es común a todos nosotros. Desde esta perspectiva, el espacio público ha de planificarse no sólo para los vivos sino que ha de superar el tiempo vital de las personas, devenir un potencial que vaya más allá de la muerte y sin el cual la esfera pública no resultaría posible. Ser vistos y escuchados por otros tiene un significado que procede del hecho de que todos ven y escuchan desde una posición diferente. La vida privada significa estar privado de las cuestiones de una vida humana: estar privado de la realidad, estar y ser visto y escuchado por otros, estar privado de realizar alguna cosa más permanente que la propia vida.

La manera en que nos vestimos, comemos, habitamos, trabajamos, estimamos… son expresiones del estado de humanización y su valor en la cotidianidad está determinado por las estructuras de las relaciones personales, en este sentido es preciso tener en cuenta la diferenciación que realiza Arendt (1993:21 y ss.) cuando distingue tres tipos de actividades fundamentales de la *vita activa*: labor, trabajo y acción. Labor es la actividad relacionada con el proceso biológico del propio cuerpo, es decir, con las necesidades vitales, «la condición humana de la labor es la misma vida». El trabajo es la actividad no natural de la persona que le proporciona productos «artificiales», la condición humana del trabajo es la «mundanidad». La acción es la actividad de comunicación entre las personas, corresponde a la condición humana de la «pluralidad» y ésta es específicamente la condición de cualquier vida política. La actividad humana (*vita activa*) produce cosas y deben su existencia a las personas y en mutua reciprocidad condicionan a las propias personas. Las personas están condicionadas en su vida por las producciones o creaciones que realizan. Cualquier cosa que entra en contacto con la vida de las personas asume la condición de existencia humana.

Las condiciones humanas no explican lo que somos, es decir, la naturaleza humana, aunque forman parte de la originalidad del ser, no somos personas fijas o sujetos a la «tierra». Las actividades están condicionadas por el hecho de que las personas viven y se relacionan, si bien la acción sola no puede darse fuera de la sociedad. Cualquier actividad requiere una cierta destreza o habilidad tanto si es para hacer la cama, como para cocinar, planchar, escribir un ensayo o construir un edificio. La distinción entre unas y otras no se aplica a diferentes actividades sino que entre ellas existen diferentes grados y cualidades. Las tareas de labor son aprendidas y resulta necesario que todos puedan estar preparados para desarrollarlas; en tanto que el trabajo es un poder de la labor, una dimensión artificial que es necesario superar, sin embargo, la propia distinción únicamente es válida para la actividad laboral.

La distinción entre *work* (trabajo) y *labour* (labor) tiene una proyección analítica distinta sobre la sociedad industrial o posindustrial (Williams, 1984) en no distinguir entre colocación (ocupación) y trabajo, ya que se les asocia y se considera que las personas que no están colocadas no trabajan. El ejemplo más claro lo tenemos en el trabajo que realizan las mujeres en casa y en la familia, sólo si trabaja en otra ocupación se considera que trabaja. A esta situación hay que añadir el trabajo que realizan por su cuenta los artesanos, los labradores, los profesionales autónomos en general, que se denominan *autocolocados (autoocupados)*. El proceso industrial ha hecho que estas distinciones se hayan consolidado y desarrollado, si bien es necesario recordar que la *ocupación* aparece fundamentalmente por su antónimo la *desocupación,* la cual se convierte en la lógica de la organización del trabajo del sistema capitalista. Esta situación marginal («desocupación estructural») ha devenido una normalización que va adquiriendo nuevas vicisitudes y vertientes respecto de las continuadas transformaciones tanto de las fuerzas como de los medios de producción; de aquí que autores como Castell (1994) y Flecha (1994) denominen a la nueva sociedad, la sociedad de la información. Una de las consecuencias de estas clasificaciones terminológicas es la que aparece entre las categorías ocupacionales. La distinción entre «cualificado», «semicualificado» y «no cualificado», tienen como efecto rebajar de forma continua el trabajo humano a la categoría de «no cualificado» (agricultura, pesca, manufactura… con los «no cualificados» se encontrarían también los trabajos de limpieza, cocina, atención a gente pequeña o mayor…). El discurso de una «formación» continua puede atender y sustentar estos supuestos jerarquizadores o de clasificación. Es por eso que, aunque se hable de una educación compensadora referente a la Formación Profesional o a la propia EA, lo que en realidad subyace es una falsa necesidad que no trata de responder a los intereses sociales, sino a las propias disfunciones «estructurales» del mercado capitalista. Un ejemplo práctico de lo que decimos lo encontramos cuando vienen personas a la EA pidiendo hacer la prueba de certificado escolar o las pruebas de graduado escolar libre, porque en sus empresas o en los requisitos para hacer una oposición se les exigen estas acreditaciones para continuar en el trabajo o demostrar las aptitudes, como si su adquisición presupusiese una «cualificación» para el trabajo y confundiendo intencionadamente el aprendizaje académico y el del trabajo. La unión de ellos queda más bien en las intencionalidades de los discursos que en la plasmación de una instrucción basada en un principio educativo, como puede ser el trabajo dentro de la organización didáctica de los propios curricula. La oferta se convierte en la forma consciente de responder a las demandas aunque éstas no respondan a unos intereses reales sino a unas obligaciones sociales de las propias normas de orden y de integración. Estas normas subliminalmente quedan implícitas en las asimétricas condiciones de las clases que constituyen la sociedad.

4. Construcción social de los conocimientos

El desarrollo socioeconómico y cultural influye, determina y va creando las maneras de pensar de las personas de tal forma que nuestro pensamiento reconstruye cognitivamente y subjetivamente el mundo que nos envuelve. Dentro de ese desarrollo, consideramos que la construcción social del conocimiento se fundamenta en la relación entre el pensamiento y las actividades de las personas en los distintos ámbitos donde se desarrollan sus vidas. Y los conocimientos no formales se encuentran entre la reconstrucción cognitiva y subjetiva de los pensamientos y las modificaciones, cambios y transformaciones que provoca su aplicación, a través de la acción y en las condiciones objetivas del contexto. Siguiendo una argumentación parecida, Dewey (1989) define el pensamiento como el método de cualquier experiencia educativa e incluso expone todos los pasos de un método didáctico a partir de esta argumentación. Este método nos ayuda a comprender su definición de la educación como un proceso vital en que las experiencias desarrolladas personalmente y socialmente son el puntal básico del progreso y de la reforma social.

La distinción entre distintos tipos de pensamiento se puede realizar partiendo de la separación entre la *intentio recta* y la *intentio obliqua* (Heller, 1991). La *intentio recta* son aquellas formas de pensar que agrupan, reagrupan, ordenan y sistematizan las experiencias de la vida cotidiana y que tienen un valor pre-científico en tanto que aportan y proporcionan materiales y datos al pensamiento científico. Esta manera de pensar se materializa en lo que denominamos «conocimientos no formales», cuya conceptualización retomamos en el capítulo siete. La *intentio obliqua* son aquellas formas de pensamiento que refutan el pensamiento cotidiano, es decir, que buscan explicaciones teórico-abstractas sobre la realidad.

El saber científico tiene una valoración social que lo hace más significativo frente al saber cotidiano, aunque cada vez exista más relación, sobre todo desde el momento en que los medios de comunicación consiguen tener mucha importancia en la difusión y en la explicación de algunos de aquellos saberes: los referentes por ejemplo a informes de población, a situaciones de países, a espacios sobre temas del cuerpo humano, sobre la naturaleza, sobre los animales...

El conocimiento no formal acoge (o puede acoger) aportaciones científicas, pero no el saber científico como tal, de forma que cuando un conocimiento científico influye en el pensamiento cotidiano el conocimiento no formal lo asimila en su propia estructura a través de tres *maneras de utilización* del saber científico:

1. cuando el saber científico nos sirve de guía del saber práctico: ejemplo de ello es cuando seguimos una dieta baja en colesterol, pero que no nos interesan sus aspectos técnicos, sino que simplemente nos sirven de referencia;

2. cuando nos sirven para satisfacer un interés o curiosidad respecto a algún hecho acaecido o experiencia dada;

3. cuando la adquisión de información científica es exigida por la propia cultura en la cual nos desarrollamos.

El *currículum de la EA* funciona como un *regulador de conocimientos* entre la sociedad y la educación y aunque actúa sobre todo en la tercera manera de utilización, puede y ha de intervenir en las otras dos. Como nos dice Gimeno (1992:174), «el currículum no puede quedarse en criterios de representatividad de lo seleccionado respecto de la cultura académica, sino apoyarse, muy fundamentalmente, en otros de carácter social y moral, dado que lo que se busca en su implantación es un modelo de hombre y de ciudadano». El conocimiento no formal se adquiere en las relaciones y comunicaciones sociales en las cuales se aprende a percibir, a sentir y a pensar. Unas y otras están unidas y son interdependientes, ya que en la vida cotidiana, y sobre todo por lo que respecta al aprendizaje, no podemos desligarlas y las utilizamos todas globalmente en acción; es decir, son antropológicamente primarias. Esas relaciones y comunicaciones tienen relación con las actitudes sentimentales o afectivas, incluida la confianza: «precio exigido para poder interactuar» (Wolf, 1988:93), ya que cualquiera de éstas inducen a preguntar y a preguntarse y, en definitiva, a conocer. Este paso se da en la interacción básica, la de padres-hijos y puede considerarse una explicación del por qué los niños mantienen en determinadas épocas, un cuestionamiento de todo lo que perciben, escuchan y sienten para poder construir sus propios significados y pensamiento.

Sostenemos que los conocimientos no formales, que proceden de aquellas formas de pensar que agrupan, que ordenan y que sistematizan las experiencias de la vida cotidiana, se aplican en la vida cotidiana sobre la generalidad del sistema social; y al contrario, la mayor parte de normas que intervienen en la producción y reproducción son aprendidas mediante la comunicación social o «saber como ser con». El conocimiento no formal es producto de las experiencias y vivencias de las personas en el contexto social donde se desarrollan. Determina cómo construimos las relaciones personales y establece las prioridades y pautas que usan los sujetos en la interiorización de la organización social.

No sólo las generaciones más jóvenes tienen necesidades de saber, sino también consideramos que todos, en mayor o menor medida, unos por unas circunstancias y otros por otras, las mantenemos a lo largo de toda la vida como sujetos. Las características de producción y de reproducción ponen en relación la construcción de los conocimientos y las acciones del sujeto de forma simultánea. También añadimos en relación con el pensamiento, que éste se basa en las generalidades de las experiencias de las otras generaciones y de la época histórica en que se encuentra. Cuando el pensamiento se separa del tiempo o del espacio en el cual se encuentra, se convierte en un *pensamiento anticipador*, el cual está dirigido a actividades futuras y supone una actitud básicamente teórica.

Desde que existe pensamiento científico, éste se encuentra en relación con el pensamiento cotidiano, transformándolo, modelándolo, cambiándolo y en definitiva, enriqueciéndolo. Baste recordar como los avances científicos y la consiguiente divulgación a través de las informaciones y actividades ha provocado cambios en la propia vida. Otro tema es el que plantea Heller (1991) cuando nos dice que: «valdría la pena investigar de qué forma se han adentrado en la conciencia cotidiana los diversos descubrimientos científicos, qué función ideológica asumen, cómo se convierten en "lugares comunes" (...)» (pág. 193). Coincidente con esta propuesta de investigación estaría la propia sociología curricular de la EA, en el sentido de búsqueda o de estudio de los *principios de formalización* que permiten relacionar aquellos conocimientos desarrollados por el pensamiento científico (*intentio obliqua*) y que viven junto con el pensamiento cotidiano (*intentio recta*), para tratarlos como *conocimientos objetivados académicamente*. No es otra forma que un intento de hacer consciente la imagen del mundo o, como dice Lundgren (1992:15) «la representación objetiva del mundo que nos envuelve (*Vorstellungen*)». El carácter social de la producción de conocimientos, que es evidente en todos los periodos históricos, es hoy en día más directamente activo e inevitable que en anteriores sociedades desarrolladas.

Los descubrimientos científicos se introducen en la práctica de la vida cotidiana en forma de técnicas, si bien éstas no son indispensables para la utilización de mecanismos y objetos, es decir, no es necesario saber las leyes que rigen las técnicas, pero sí que serán necesarios más conocimientos científicos para desarrollarnos mejor en la sociedad que en otras épocas de la historia. Podemos concluir que entre los dos tipos de pensamiento debemos establecer la menor distancia posible.

El pensamiento cotidiano construye una *actitud teórica* mediante un nivel de reflexión del por qué de las cosas, un nivel de pre-ciencia, provocando el análisis de «conceptos tipológicos» (basados en la analogía) para poder llegar al pensamiento y conceptos científicos. Pero el pensamiento no existe únicamente cuando se materializa en conocimientos sino que existen circunstancias dialécticas que median en los sujetos para la producción, la reproducción y la transformación de esos conocimientos. De manera ejemplificadora podemos enumerar cuatro factores o circunstancias que median entre los sujetos y los conocimientos:

1. los *medios de acceso* que los sujetos tienen para el conocimiento de acuerdo con su ubicación social;
2. las *formas de articulación* del conocimiento;
3. circunstancias referidas a las cuestiones de «creencias» (ideologías) consideradas «conocimiento» y
4. los elementos relacionados con los *medios de difusión* del conocimiento disponible.

Por otra parte, la vida diaria o cotidiana relaciona las circunstancias anteriores y los rasgos característicos de los sujetos: su cuerpo, los medios de mobilidad y de comunicación y el itinerario a través del círculo de su vida. Otro aspecto es la introducción de las «tecnologías» en la vida cotidiana, que tiene en los medios de comunicación el principal garante de manipulación refinada de los valores, como por ejemplo el consumismo, las modas... El medio tradicional y habitual a través del cual se ha transmitido el saber ha sido el de las generaciones adultas a las más jóvenes, recordemos que en las sociedades naturales eran los mayores los que se encargaban de esa transmisión, fundamentalmente porque eran los portadores de la mayor experiencia. Pero los cambios en las sociedades hacen que las orientaciones en la transmisión no estén guiadas por el pasado sino que toman otras direcciones. Es así como las relaciones sociales, y fundamentalmente el desarrollo técnico o tecnológico de los medios de producción, provocan que las generaciones más mayores se obliguen a aprender nuevos saberes, lo cual ha dado paso al *principio de la educación permanente* (Apps, 1985; De Santis, 1989; García, 1991; Gelpi, 1990; Debesse y Mialaret, 1986).

Las orientaciones en las transmisiones inducen a la reproducción dentro de los procesos de conocimiento. En este sentido, el sistema educativo puede llevar a dos caminos: el primero trataría de impulsar un riguroso proceso enseñanza/aprendizaje en procedimientos de conocimientos y de análisis; y el segundo, puede conducir a la indefensión consciente, a la particularidad, en la escala de la incertidumbre de las infinitas excepciones del conocer.

La reproducción es un concepto que es necesario tratar no como un significado de simple copia o de hacer una copia, ni como reproducción biológica o física, sino como descriptor del proceso cultural de la transmisión de conocimientos. Como mostraron Bourdieu y Passeron (1981), existen relaciones fundamentales entre las relaciones sociales dominantes y las versiones selectivas de transmisión de conocimientos. Podemos denominar estas relaciones como un proceso curricular de reproducción cultural, la cual está vinculada a la reproducción de las relaciones entre clases sociales, que por otra parte quedan aseguradas en las otras interacciones sociales (económicas, políticas, institucionales, familiares...). Como afirma Williams (1984:176) «(...) la reproducción de la práctica es realmente inseparable de la reproducción de estas relaciones determinantes, que a la vez son reproducibles no sólo por la continuidad de la práctica, sino por el impulso directo y general del poder político y económico». En esta difícil tarea de caracterización de la reproducción puede haber una simplificación de la producción si no es considerada ésta como un aspecto o forma reproducible. En nuestro caso, hablar de reproducción significa también hablar de producción, es decir, de una reproducción de la complejidad de producción. Los sujetos y los grupos sociales se relacionan y conviven por las fuerzas estructurales que presentan formas culturales que en ellas mismas son también producciones.

Los mediadores en la transmisión han evolucionado también de acuerdo con la sociedad, desde los padres, pasando por los religiosos, las sectas, los grupos sociales hasta la aparición del Estado en que, buscando un control y orden de la sociedad, se crea el canal institucionalizado del saber: la escuela. El Estado aporta modelos de poder que puedan concebirse como redes socioespaciales y temporales que son, a la vez, producto de la interacción y de la capacidad para la *acción* de los sujetos y de las clases sociales. Las redes sociales existen como una distribución de conocimientos que tanto los sujetos, como las clases a las cuales pertenecen, tienen y mantienen. Sin embargo, frente a los continuos cambios, y sobre todo como consecuencia del aumento de los medios de comunicación (prensa, radio, televisión, vídeos, casetes...) éstos están adquiriendo la función transmisora del conocimiento: actualmente llegan a realizarse cursos de todo tipo, no sólo mediante el soporte escrito, sino también utilizando el soporte audio-visual. Todos estos medios están siendo utilizados cada vez más por el propio Estado para hacer más «eficaz» la educación (Alonso, 1995); un ejemplo de ello es el tratamiento de los idiomas en la modalidad a distancia de la EA.

5. Las experiencias sociales: base y fundamento para la construcción curricular

El concepto de *experiencia* expresa la unidad de la práctica del ser social y su conciencia, y hace referencia a las condiciones sociales y a las relaciones sociales con la naturaleza y hábitos adquiridos en el proceso productivo. La totalidad de las expresiones de las experiencias sociales presentan una singularidad en cada grupo social bajo las formas culturales. También el proceso de trabajo se objetiva igualmente en formas culturales que tienen un valor de uso educativo cuando forman parte de lo que denominamos *conocimientos no formales,* los cuales proceden del pensamiento y que tanto agrupan, ordenan y sistematizan las experiencias de la vida cotidiana como se aprenden en las experiencias de relación y de comunicación sociales. ¿Pero qué relación existe entre los conocimientos no formales y la experiencia? Utilizamos para contestar, aunque reconociendo el recorte de expresividad, el siguiente párrafo de Adorno (1994:100) es así como el conocimiento no formal «(…) toma su sustancia de la experiencia de lo múltiple, de lo que distrae y disuelve, y lo que sabiendo sobrevive es a la vez aquel que se libra más temerariamente a la amenaza de la muerte con la cual se hace duro y fuerte para la vida (…)». La experiencia no ocurre en el vacío sino que la fuente está en lo social y, en primer lugar, en aquellas que suponen y representan un contacto más directo: las relaciones familiares. Las experiencias tan variadas con las que nos enfrentamos: las responsabilidades respecto de los hijos, las circunstancias temporales y espaciales, las disponibilidades horarias… en definitiva, la disparidad de experiencias obliga a los educadores a «conocer íntimamente las condiciones de la comunidad local, físicas, históricas, económicas, profesionales, etc, con la finalidad de utilizarlas como recursos educativos» (Dewey, 1967:42).

Las experiencias comportan unos conocimientos no formales y unas vivencias afectivas que están determinadas por las condiciones y posibilidades que presenta el medio natural y social de un grupo humano. Éste está marcado por su posición en las relaciones de producción, por la clase social y en consecuencia por la posición en la división del trabajo. Sobre la base de la experiencia, Dewey distingue dos tipos de educación: la educación informal o espontánea en la que el conocimiento nos conduce a la matriz de la educación intencional o escolar. Ambos tipos de educación se articulan por la «continuidad de la experiencia» que se basa en el hecho del «hábito» que como «experiencia iniciada y vivida modifica a quien actúa y la vive, afectando esta modificación (...) a la cualidad de experiencias siguientes» (Dewey, 1967:34). Por tanto, la experiencia como actividad humana vendría a ser el factor vertebrador de la enseñanza y del aprendizaje de las personas, ya que es a través y mediante ella que se crea la fuerza que constituye el desarrollo personal y social y se convierte en una fuerza social de interacción y de comunicación humana.

La heterogeneidad de las actividades hace que las habilidades, las aptitudes y los conocimientos en general sean tan heterogéneos como ellas. Por tanto, objetivarse está determinado por aquella heterogeneidad y a la vez, provoca que todas las actividades no tengan el mismo nivel de objetivación; por ejemplo, una actividad como hacer la cama no tiene el mismo nivel cognitivo que hacer una comida o podar un árbol. La función social de la escuela en tanto que aporta o proporciona los conocimientos suficientes para la vida social, para la objetivación, ha sido uno de los elementos fundamentales de la obligatoriedad de la educación básica, general o elemental. De aquí la importancia que adquiere la *valoración* y la *significatividad* de los conocimientos no formales que se consideran desde una perspectiva social como necesarios para hacer frente a las objetivaciones con las cuales se desarrolla el sujeto. La teoría de los «idola» entra en acción cuando se intenta «científicamente» determinar *qué* saberes o habilidades llevan hacia un pensamiento científico y se rechazan aquellas representaciones de las estructuras de la vida cotidiana (antropomorfismo) que pueden cuestionar aquellas formas de pensamiento científico.

La heterogeneidad de las actividades, está directamente relacionada con su contenido de valor social que tiene su expresión en la *cultura de los usos*. Tal y como dice Lefebvre (1984:243-245):

«(...) hay que recuperar la cotidianidad (...) pero recuperarla activamente, contribuyendo a transformarla. Estas operaciones implican la creación de un lenguaje (o más exactamente: una creación del lenguaje) (...) Transformar lo cotidiano es producir alguna cosa nueva, que requiere palabras nuevas (...) No se trata de suprimir la filosofía de la cultura, sino, por el contrario, de darle un sentido diferente y nuevo, devolviéndole (tanto a ella como al tiempo y a la obra) *valor de uso*. (...) Nuestra revolución cultural tiene como meta y como sentido la *creación de una cultura que no sea institución, sino estilo de vida*» (la cursiva es nuestra).

Desde este punto de vista, la cultura para Gramsci es la organización de las actividades personales y sociales para poder intervenir en el desarrollo político y económico. De esta raíz nacen sus discursos críticos sobre las instituciones existentes, mediante los cuales realiza la denuncia del carácter clasista de la escuela. La apariencia de una pedagogía dogmática en Gramsci tiene que ver con la necesidad de quitar las telarañas y construcciones idealistas con las que se ha construido el discurso pedagógico frente a falacias clasistas sobre la igualdad de oportunidades. Mayor rigor intelectual y de disciplina como base de las propuestas pedagógicas es una constante y una insistencia que tiene como objetivo plena vigencia, ya sea en aspectos como la organización didáctica, el currículum, el lenguaje, los métodos, el aprendizaje, en definitiva toda una política pedagógica de la praxis.

Por tanto, las propias experiencias sociales y culturales permiten aportar elementos suficientes para formular y construir el currículum. Pero ¿qué entendemos por cultura? Su importancia y su tratamiento conceptual lo desarrollaremos en el capítulo siguiente. Desde nuestra perspectiva, los conocimientos no formales son básicos para el currículum, ya que organizan la percepción, la comunicación y todas aquellas categorías procedentes de la experiencia social. La experiencia es la materia prima de la producción académica, la herramienta que transforma las relaciones, las percepciones, la conciencia… en conocimientos no formales, la mediadora entre los diferentes factores: sociedad, sujeto, cultura, educación y los conocimientos no formales. En la medida que se analiza la diferente constitución de las experiencias encontraremos las distintas dimensiones de los conocimientos no formales. Las experiencias, como ya hemos dicho, se dan en las relaciones, las comunicaciones, las interacciones entre los sujetos y, a la vez, su contenido es tan contenido como las propias comunicaciones, de aquí que los conocimientos no formales hacen referencia a esta doble vertiente. Tienen significación con un contexto y éste determina y se ve determinado por las acciones prácticas que conforman las experiencias. Como expone Dewey (1970:156-157), «los verdaderos "materiales" de la experiencia consisten en maneras adaptables de la acción, en hábitos, en funciones activas, en conexiones entre el obrar. La experiencia cierra dentro de ella misma los principios de conexión y organización». De tal manera que la organización social y también la personal entran en la formación de las experiencias. Por otra parte, las experiencias previas orientan y redefinen las metas y los métodos de las nuevas experiencias, actuando la razón, «inteligencia experimental» (Dewey,

1970), como la facultad humana que nos va guiando de unas a otras. Lo que decimos se puede representar en el siguiente gráfico:

Figura 1

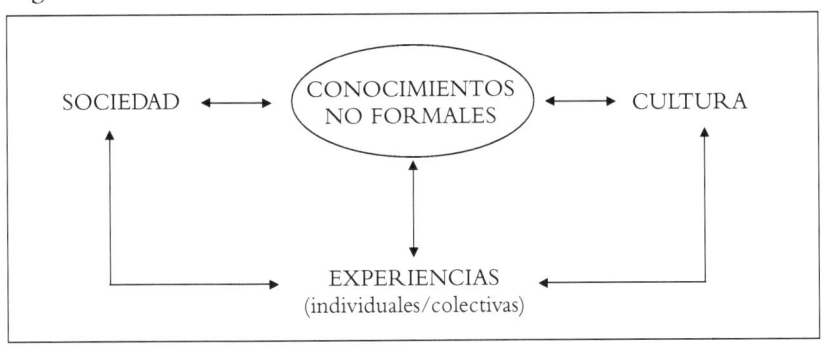

```
SOCIEDAD  ⟷  CONOCIMIENTOS   ⟷  CULTURA
              NO FORMALES
                  ↕
              EXPERIENCIAS
          (individuales/colectivas)
```

Como consecuencia de la relación entre conocimientos no formales y experiencia, aquéllos vienen determinados por la experiencia «vivida» y la experiencia «percibida» (Thompson, 1984) en una relación dialéctica entre lo que es en realidad y lo que aparenta, que es tan real como la propia apariencia. En consecuencia, podemos afirmar que la educación trata de crear, potenciar y desarrollar experiencias sobre la conciencia social, es decir, que es la manera intelectual de comprender y actuar como seres sociales y por tanto de fomentar nuevos conocimientos no formales. En este sentido, las experiencias permiten fundamentar los principios de formalización curricular y aportar significación a la función social de la EA.

CAPÍTULO SEXTO

Cultura, ideología y currículum

El currículum, así como la cultura, es un concepto complejo que requiere para su comprensión un grado de abstracción sobre las materializaciones sociales que se realizan. En este sentido la significación curricular procede de acciones educativas que se desarrollan en la *vita activa*, la cual es también la materialización cultural de las personas en sociedad. En la medida que consideramos el currículum como la configuración de distintos ámbitos del sistema social, todas las perspectivas que subyacen hacen referencia, en mayor o menor grado a la cultura y, más concretamente, a la selección o manifestación cultural. A lo largo de este capítulo analizamos diferentes conceptualizaciones sobre la cultura y la ideología que afectan tanto a la concepción de una EA socioeducativa y de política social, como a la construcción curricular de la EA.

1. Aportaciones desde la sociología de la cultura

Si la sociología de la cultura, como propone Williams (1994), ha de tener como objetivo la investigación alrededor de la comunicación, el lenguaje, el arte y de las relaciones transmitidas, podríamos decir que tanto este campo como el de la sociología curricular coincidirían, en la medida que analizan los procesos sociales de producción cultural y dentro de ellos, en el caso de la sociología curricular los específicos de los conocimientos académicos.

Si seguimos a Williams (1994:10 y ss.), el concepto de cultura hace referencia tanto a un «estado desarrollado de la mente» (persona culta); a los «procesos de este desarrollo» (los intereses y actividades culturales), como «a los medios de estos procesos» (las producciones y obras intelectuales). Estos significados interactúan en lo que se denomina el «todo el mundo de vida». La convergencia práctica de los significados de cultura, nos parece muy útil en tanto que queda *caracterizada como un «sistema significante»*, incluso en todas las maneras de vivir e implicado en todas las formas de actividades. Como «prácticas significantes» se trata tanto el lenguaje, como el arte, la moda, la publicidad, las comunicaciones... es decir, las actividades intelectuales y artísticas de las prácticas y relaciones sociales.

Partiendo también de la sociología de la cultura, Grignon y Passeron (1992) plantean una lectura de la *reproducción social* en la que se describen las relaciones entre las clases dominantes y dominadas y las subsiguientes culturas entre ellas a través de un proceso de dominación social (entre clases) y simbólico (entre culturas) que nos permite desbriznar y analizar el reconocimiento de un poder legitimado en la «arbitrariedad cultural». Aquella reproducción social supone un «trabajo pedagógico» que aporta una justificación entre la dominación social y las culturas dominantes y dominadas. Nuestra intención es tratar de hacer un uso de la noción de «cultura popular» exento de populismo y considerarla básicamente como una cultura de las clases dominadas.

La separación entre vida privada y vida profesional es la característica de la vida burguesa, la cual crea unas culturas distintas entre esta clase y las desfavorecidas, si bien éstas no han llegado a aquella separación. Las clases burguesas tienden a una uniformalización y homogeneización de su cultura, para hacer de ella la hegemónica. En la actualidad hay intentos de difuminar las diferencias culturales, al tratar de basarse en la idea de nivelación de las condiciones y formas de vida, en relación con las posibilidades de adquisición de los bienes de producción, es decir, del consumo. Lo que hace esta idea es suscitar la falsa conciencia de una igualdad basada en la superación de las clases y de su lucha. La cultura popular queda caracteriza por la *diversidad*, es decir, por las dificultades y problemas que se plantea desde la pluralidad de casuísticas de las clases dominadas.

La hegemonía cultural tiene efectos reales aunque a veces éstos no son manifiestos. Hay una lucha real, irregular y desigual, por parte de la cultura dominante frente a la «cultura popular», si bien hay puntos de resistencia y de inhibición, es lo que denomina Hall (1984:101): «dialéctica de la lucha cultural». Este autor viene a definir la cultura como un campo de batalla en tanto que es tratada como una mercancía contradictoria. La cultura está sujeta a las leyes del intercambio que hace que se disuelva de tal manera que no es posible utilizarla; es por eso que se la confunde con la publicidad. En cualquier caso las formas culturales no presentan ni homogeneidad ni coherencia, sino que se manifiestan en formas contradictorias de tensiones y de oposiciones entre la cultura dominante y la dominada. Han hecho falta las instituciones para mantener las distinciones entre lo que cuenta como actividad cultural y lo que no cuenta y, en concreto, el sistema educativo para distinguir entre la parte valorada de la cultura y la no valorada.

Definir la cultura popular en oposición a la dominante, en una relación de tensión continua, es mostrar la relación entre el concepto de cultura y el de hegemonía. En otras palabras, lo que importa no son tanto los objetos históricos de la cultura sino lo que hay en el propio estado de las relaciones culturales. En este estado de lucha, la cultura mantiene su capacidad de desarrollo dinámico mediante diferentes formas: de resistencia, de negociación, de recuperación, de imposición, de aceptación... Es necesario *analizar la cultura dinámicamente*, como proceso histórico y social (Bate, 1978), que en cada periodo establece una delimitación entre lo que es pertinente incorporar y lo que no lo es. Serán las instituciones educativas y culturales las que regulen, controlen y vigilen aquella delimitación. En la cultura, como un estado de lucha, se cruzan diferentes formas tradicionales o no: lo que era secundario y subordinado puede pasar a ser núcleo primario o principal. Este enfoque de cultura nos permite atacar o rechazar aquellas concepciones estancadas que sobrevaloran las tradiciones de manera ahistórica, es así como existe un concepto de «cultura popular» que aporta y da una significación fija y determinante de manera acrítica a todos los objetos, los símbolos y las formas que proceden de lo «popular», como si estas expresiones fueran *per se* válidas y objetivas en la creación. Puede haber una confusión entre «clase» y «cultura popular», ya que aunque están relacionadas no son intercambiables, pues no se han de relacionar las culturas con una clase social concreta y menos aún si se considera desde una perspectiva histórica. Sin embargo, hay formas culturales relacionadas con clases sociales determinadas y es aquí donde se establece el proceso de lucha entre la «cultura popular» y la «cultura de los poderosos» mediante las relaciones e influencias, de acuerdo con lo que hemos denominado formas de lucha cultural.

La posibilidad de construir una cultura popular que consiga *organizar sus propias experiencias* con una *coherencia simbólica* es una tarea de la educación, y en concreto de los principios curriculares de los cuales se parte, aunque ello supone un análisis de los espacios sociales donde se desarrolla la cultura. En un sentido curricular si los conocimientos escolares son una representación de la cultura dominante y no se tienen en cuenta las diferencias culturales se produce una discriminación social y educativa de indudables repercusiones. Distinguimos entre *diferencias culturales* y *diversidad cultural*: mientras que las diferencias hacen referencia a la distinción entre culturas dominantes y culturas dominadas, la diversidad es la multiplicidad de materializaciones de las culturas dominantes; es por eso que sólo algunas personas pueden disfrutar de la diversidad y hacer de la relativización y del distanciamiento de las culturas diferentes el marco de su hegemonía y distinción.

Por otra parte, podemos entender el folklore como una manifestación de la cultura de las clases «subalternas», si bien el folklore es rechazado por estas clases en tanto que se desarrollan en un intento de promoción social. Lombardi (1978), dentro de una línea antropologista, subraya la necesidad de entender el folklore como una cultura de contestación, dentro de una concepción materialista de la historia que considera que toda cultura es cultura de clase, originada «en última instancia» por motivos económicos. No obstante, entre la cultura dominante y la subalterna (folklore) existe un intercambio a pesar de que no estén en igualdad de fuerzas y la dominante utilice formas de coacción como son las propias de la simulación (Baudrillard, 1978).

Cuando la cultura es tratada como mercancía podemos denominarla «cultura de masas». Es uno de los mecanismos de la clase hegemónica para tratar de integrar las personas en una sociedad en la que las finalidades del mercado inducen y marcan las directrices de cara al fomento de necesidades de consumo. Este tipo de cultura resulta extremadamente beneficioso para los intereses de las clases sociales dominantes y se impone a todos (Carnoy, 1988), como si fuera de todos y útil o favorable a todos. Los medios de comunicación de esta cultura de masas son por excelencia: la radio, la televisión, las publicaciones… las cuales presentan situaciones y comportamientos mediante un aprendizaje vicario que se inserta en las dimensiones reales de la vida cotidiana provocando la alienación, característica principal de nuestra sociedad y de la cultura que desarrolla. Alienación, que así mismo es una dimensión mitificante y mitificada provocada por la dominación cultural que constituye la cobertura y el marco ideológico de un dominio bien patente y preciso a nivel social. La cultura de masas implanta nuevos contenidos elaborados con una finalidad homogeneizadora y, por tanto, más manipulable para las clases con poder. Nos interesa una cultura opuesta a la de masas para desarrollar unos contenidos de mayor oposición, es decir, una *cultura crítica* que aporte a las clases desfavorecidas la conciencia de la alienación a que están sometidas.

La reformulación del concepto de cultura entendida como categoría general de la ciencia social no puede prescindir de los propios conflictos sociales, sino incluirse como uno de ellos, y ser un instrumento de lucha ideológica. En ella la dimensión colectiva se puede realizar a través de la libertad individual ya que ésta sólo queda garantizada por las interacciones o comunicaciones sobre un plan igualitario de todos los otros y por una sociedad que elimine las formas de discriminación.

2. Práctica social y concepto de cultura

En la sociedad existen muchas y variadas relaciones reales que condicionan, cuando no limitan, la práctica social de las personas. Éstas están determinadas por la posición que ocupan respecto del sistema de producción y con base en las relaciones de control (explotación) sobre los elementos del proceso productivo y en la posición dentro de la división social del trabajo. Así todas las personas mantienen otras situaciones de relación con: los familiares, la participación sindical, las religiones... Todas estas relaciones y rasgos condicionan las formas de vida de cada grupo social así como al contrario; se desarrollan unas *prácticas significantes (cultura)* complejas, variadas y multidimensionales que se comprenden en la relación con el proceso de formación social. Así mismo, existe una cierta y relativa independencia entre lo singular y lo universal que hace que la relación entre cultura y formación social no se dé como una correspondencia de tipo mecánico. Podemos encontrar algunas formas o áreas de la cultura que se mantienen con una cierta estabilidad a pesar de los graves o pequeños cambios que ocurren en la sociedad. Para comprender las diferentes regularidades de estabilidad-cambio de la cultura hemos de fundamentarnos en la dialéctica, en las leyes de la contradicción, de transformación de cantidad y cualidad, de negación de la negación y como dice Marcuse (1972:282): «(...) el concepto dialéctico, al comprender los hechos dados, los trasciende». La cultura encuentra su expresión en la acción, en la actividad de las personas en el mundo; desde esta perspectiva, la cultura se mantiene y se transmite a través de la acción. Es necesario observar los cambios culturales cuantitativos desde las fuerzas productivas, pasando por el grado de diversificación de las actividades sociales, y junto a ellos, los cambios culturales cualitativos correspondientes a las formas necesarias de organización de los contenidos en esos niveles. Pero, ¿cuál es la causa del desarrollo de la cultura? Cuando relacionamos la cultura con los procesos de formación social hemos de tratarla como un aspecto de la sociedad en el sentido de que las contradicciones que existen determinan los cambios culturales, son una expresión mediatizada y concreta de las propias contradicciones de la sociedad. En este aspecto hay que hablar no de una contradicción singular o específica de la cultura, sino de una infinita diversidad de contradicciones particulares con diversos niveles de acción y en distintas relaciones y desarrollo espacio-temporales. Por tanto, podemos decir que la producción de la cultura es constante, se da en el trabajo, en casa, en las relaciones formales e informales, de forma conjunta.

La cultura como manifestación objetiva de la realidad se muestra a través de la concreción de las relaciones esenciales y bajo diferentes formas culturales. De aquí podemos afirmar que las relaciones entre las formas culturales y la lucha de clases se dan contradictoriamente, de distintas maneras y situaciones. La comprensión de lo cultural se muestra cada vez más necesaria ya que permite una práctica social adecuada a los intereses de las clases sociales, mediante unas relaciones entre personas que pertenecen a distintas subculturas dentro del mismo sistema social.

Si bien Lenin ha sido un autor denostado, cuando no obviado, por parte de la comunidad científica, por lo que respecta a cuestiones conceptuales desarrolladas con posterioridad a su obra, puede sorprendernos por su capacidad de interpretar la realidad, ya que da pie a comprender las propias creaciones humanas y en concreto la cultura. Aporta luz y vigencia, a través de los problemas que trata, a una situación histórica que, en tanto que revolucionaria, no quita profundidad a su análisis. Su discurso en el I Congreso de Enseñanza para Adultos mantiene un nivel de análisis crítico y de claridad encomiables. Pero si todo el discurso es interesante, aún lo es más el intento de aproximar el progreso socioeconómico al cultural y educativo, y es aquí donde su exposición aporta elementos clarificadores en tanto que provoca reflexión y nos hace pensar en nuestras realidades, así cuando dice:

«La antigua escuela era libresca, obligaba a asimilar una masa de conocimientos inútiles, superfluos, estériles, que atiborraban la cabeza y transformaban la generación joven en un ejército de funcionarios cortados todos por el mismo patrón (...) Nos equivocaríamos si pensáramos que basta con aprender las consignas comunistas, las conclusiones de la ciencia comunista, sin haber asimilado la suma de conocimientos de la cual el propio comunismo es resultado. El marxismo es un ejemplo que muestra cómo el comunismo surgió de la suma de conocimientos humanos (...) si preguntan ustedes por qué ha podido la doctrina de Marx ganar el corazón y el entendimiento de millones y decenas de millones de la clase más revolucionaria, se les dará una sola respuesta: porque Marx se apoyaba en la sólida base de los conocimientos humanos adquiridos bajo el capitalismo (...) Para llegar a ser comunistas hay que enriquecer indefectiblemente la mente con el conocimiento de todos los tesoros creados por la humanidad (...) No sólo deben ustedes asimilarlos, sino asimilarlos críticamente, para no amontonar en el cerebro cosas inútiles, enriquecerlos con el conocimiento de todos los hechos, sin los cuales no es posible ser hombre culto en la época en que vivimos. Si a un comunista se le ocurriera jactarse de su comunismo, apoyándose en conclusiones que ha recibido elaboradas, sin haber realizado un trabajo serio, difícil y grande, sin comprender hechos que debe examinar críticamente, sería un comunista lamentable» (Lenin, 1974:93-94-95-96).

Si sustituimos la palabra «comunista» por la de «persona adulta» tendremos proposiciones finalistas sobre los conocimientos y sobre la metodología didáctica a utilizar. No obstante, el aspecto más importante es la imprescindible búsqueda de los modelos culturales existentes y extraer, de ellos, los elementos de cultura democrática ya que *no se trata de inventar una nueva cultura* sino, como dice Lenin, de desarrollar los mejores modelos, tradiciones y resultados de la cultura existente. Desde este punto de vista rechazar, negar o menospreciar la «cultura dominante» es un error, o una verborrea de determinadas educaciones populistas, y en este caso, y parafraseando a Marx (1974) y a Thompson (1981) podríamos hablar de *miseria del currículum*. Expresión que definimos como un tratamiento curricular simplista, reduccionista y demagógico en el cual amparándose en supuestos psicológicos se buscan pautas o criterios *apolíticos* o no políticos de la educación, y en concreto sobre los conocimientos que se construyen socialmente. Quedarnos en nociones o palabras superadas por las exposiciones de Lenin sería buscar la forma más que el contenido, la injuria a un pasado más que la reactualización del discurso en la búsqueda del futuro.

Existe inconscientemente, un rechazo de la cultura dominante que ha sido seleccionada institucionalmente en el momento de difundir la educación como un derecho para toda la población. La educación, y en concreto la escuela, ha sido considerada como la transmisora de una serie de conocimientos de valores dominantes, los cuales han sido recogidos por el Estado mismo. Éste los ha convertido en valores universales, escondiendo y ocultando las verdaderas intenciones (finalidades de las cuales partía), tratando la ideología (perspectiva política de la educación) como un aspecto negativo, y utilizando el currículum y la institucionalización para mantener el poder y perpetuar el estatus y los modelos sociales dominantes. No es únicamente la discriminación sino la negación de las clases sociales la que ha propiciado estas prácticas en el currículum. También ocurre que querer preservar las clases dominadas de la «cultura culta» (Grignon, 1993) para evitar riesgos de interiorización del orden y del mantenimiento del poder de las clases dominantes, nos lleva no a una actitud revolucionaria sino más bien a una discriminación en favor de aquellas clases dominantes. Que el currículum sea una representación escolar de la cultura no quita para tener en cuenta lo que estamos diciendo y tenerlo como apropiado para el desarrollo de los «saberes cultos» (razonamientos, reflexiones, críticas, métodos científicos...). La propia naturaleza conflictiva del currículum proviene de las finalidades de la educación, en este sentido el «reto educativo sigue estando en encontrar otras *formas de conocimiento escolar*, rescatar el sentido de la formación general, en revisar la racionalidad asentada en la denominada *alta cultura*, sin renunciar a ella, pero admitiendo la incapacidad de la escuela por sí sola para llevar a cabo la promesa de la modernidad ilustradora» (Gimeno, 1994:14). El *dilema curricular* se produce cuando desde las instancias curriculares se pretende conjugar la «alta cultura» con la «diversidad y las diferencias culturales», pero sin tener en consideración las distinciones conceptuales sobre las clases sociales y la cultura.

Desde la antropología «la constatación de la existencia de distintas culturas lleva a deducir que todas son igualmente válidas y que la antropología ha de mantener frente a ellas una total neutralidad valorativa, ya que no existe *ninguna* ética universal desde la cual juzgarlas» (Sebreli, 1992:48). Cualquier conceptualización antropológica de la cultura que siga esta pespectiva justifica la igualdad de valoración y selección curricular. La valoración de las identidades culturales con un respeto incondicional a las peculiaridades lleva a menudo (sobre todo a los relativistas) a defender concepciones, ideas, pensamientos que tienen que ver más con las supersticiones, los prejuicios... cuando no con crímenes. Todos tenemos en la mente como en muchas de las denominadas «culturas» se hacen aberraciones al cuerpo de la mujer, como las tradiciones culturales impiden las medidas sanitarias (tabú de la inyección), también la actitud anticientífica y antitecnológica, que exige en nombre de la diferencia, la diversidad, la peculiaridad, la negación de la racionalidad y el desarrollo científico (frente a una mala distribución de la tierra, de un inoperante sistema productivo es mejor complacer los tópicos: «España es diferente», «pensado y hecho», «resignación»). El desarrollo de la técnica es indispensable para la liberación de la persona, aunque no suficiente, ya que si no caeríamos en el error opuesto, el de los tecnócratas. La emancipación de las personas del trabajo sólo es posible mediante la revolución científico-técnica, en la cual se trate el desarrollo de las personas como un fin y no como un medio. La dialéctica del progreso está basada en las contradicciones que lleven a las personas hacia adelante: por una parte se niega y se conserva parte de lo que has negado; suprimir y a la vez integrar y asimilar lo suprimido.

En nombre del derecho a la diferencia, a la diversidad se hacen chantajes del tipo de dominar la enseñanza por una religión o el hecho de aceptar distinciones o símbolos improcedentes en una democracia. El respeto a las «culturas» ajenas (diríamos a los productos y formas de civilizaciones), el reconocimiento del otro, inevitablemente nos lleva a admitir «culturas» que no reconocen ni respetan al otro. El posmodernismo, en tanto que defensor del relativismo cultural, provoca contradicciones del estilo de estar a favor de la defensa de los derechos de la mujer por una parte y por otra, defender en nombre de la identidad cultural las culturas mahometanas que muestran el beneplácito a la represión sexual y a la subordinación de la mujer; como expone Sebreli (1992:72): «el error fundamental del relativismo está en juzgar como criterio de valor la coherencia en ella misma y prescindir de la coherencia con la realidad exterior».

La cultura como hecho social es una *realidad objetiva* para aquellas personas que forman parte de la sociedad y para las nuevas que entran a formar parte de ella a través de procesos experienciales y de instrucción. En este sentido la cultura es la representación de las *experiencias* personales y colectivas *(prácticas significantes)* en el contexto de las relaciones desiguales y dialécticas que se establecen en la sociedad. Estas experiencias suponen también una producción que se conecta con las diferentes formaciones y redes sociales.

La cultura también afecta a los factores o recursos naturales a través de la propia colectividad humana, la cual está condicionada por el sistema de valores y de representaciones (ideología). En la historia de la humanidad estos sistemas de valores y de representaciones han evolucionado de distintas maneras y particularidades, es así como cada clase social y en cada lugar geográfico los elementos culturales y sus combinaciones han resultado diferentes de una cultura a otra. Desde esta perspectiva, la cultura son las *formas* que, a través de los siglos, han ido asumiendo la vida de la colectividad con dos características: una unión interna con ella misma (coherencia) y una diferenciación con las otras colectividades (distinción).

La cultura necesita, sin embargo, de un elemento de comunicación común a todas las personas, a la propia colectividad, que permite tanto la *producción* como la *transmisión*. Este elemento es el lenguaje (realidad inmediata del pensamiento), cuya función es comunicar a las personas en un nivel en cual puedan realizar una *comprensión* y una *expresión* mutua de los pensamientos, sentimientos o ideas. El lenguaje es una particularidad específica y diferenciadora de la especie humana, dentro del proceso histórico; constituye una *percepción* de lo que se expresa y una *transformación* en decisiones que orientan y dirigen la actividad humana. Si bien la cultura se produce en la experiencia de las propias interacciones colectivas también necesita, además, una base simbólica (lenguaje), una base material que cubra tanto la coherencia como la distinción y ésta reside en la red de las *instituciones* sociales. Éstas tienen y mantienen una estructura social formada por una red de relaciones sociales de dependencia que se forma por el proceso productivo de intercambio de bienes, los cuales sirven para satisfacer las necesidades humanas. Pero será en el proceso productivo social en el que la persona se desarrolla en tanto que crea el contenido objetivo de la cultura, la cual le hace diferente a los otros seres vivos, ya sea en el hacer o en el pensar.

Fue Kant quien señaló como objetivo de la educación no la educación en el tiempo presente sino en la perspectiva futura de la especie humana, de acuerdo con la idea de *humanitas*. Idea recogida por Marcuse (1981:90) para definir la cultura «como un proceso de *humanización*, caracterizado por el esfuerzo colectivo para proteger la vida humana, por apaciguar la lucha por la existencia manteniéndola dentro de los límites gobernables, por establecer una organización productiva de la sociedad, por desarrollar las facultades intelectuales del hombre, y por reducir y sublimar las agresiones, la violencia y la miseria». En la línea discursiva de Marcuse se hacen necesarias dos precisiones:

1. la cultura ha estado limitada y determinada por un reduccionismo del universo específico, constituido por las diferentes entidades y identidades (religiosa, tribal, nacional, étnica…), lo cual delimita la «validez» de

la cultura. Aspecto que podemos incluir en la denominada por Marcuse «cultura afirmativa»;

2. la cultura como proceso sublimador de la civilización humana no ha hecho o no ha hecho suficiente, en la idea del progreso humano. Sólo es necesario recordar la falta de desarrollo de la civilización en la situación actual (agresión, violencia, brutalidad, pobreza, miseria). No distinguir entre *las culturas* (apartado 1) y la *cultura* (apartado 2) ha hecho que se integren tanto las dimensiones de autonomía y producción humana como el marco o campo de las necesidades, del trabajo, de la dignidad... de las personas en su desarrollo. La distinción entre una y otra ha tenido su influencia en la propia tradición académica, entre las diferentes disciplinas: entre aquellas que harían referencia a la «civilización» estarían las tecnologías, las naturales, las técnicas... mientras que entre las de la «cultura» estarían las sociales, las humanas, las filosóficas, las lingüísticas... separación artificial basada en una concepción afirmativa de la cultura que contribuye a reforzar lo que es sobre lo que puede ser y sobre lo que ha de ser, es decir, sobre la admisión de valores culturales humanos.

3. Ideología: categoría interpretativa de las relaciones entre cultura y currículum

Es en las instituciones sociales donde se reproducen los elementos y las estructuras de la cultura y donde explícitamente se ejerce un control sobre el conocimiento mediante la dominación *ideológica* de las clases sociales hegemónicas. Los significados y valores que conforman los rasgos básicos de una cultura actúan como un muelle que impulsa y retrae los conocimientos o también, podríamos decir, que actúan como un dispositivo de selección-distribución que vertebra las ideologías y que está fuertemente enraizado tanto en las acciones como en las condiciones de la vida social. Así, como expresa Elster (1988:203 y ss.), el interés o posición de un grupo social explica el conjunto de creencias o valores de una ideología.

Desde una perspectiva marxista consideramos conveniente hacer la distinción entre la versión instrumentalista de la teoría marxista de la ideología o la propiamente dicha teoría marxista de la ideología. La primera se fundamenta en el siguiente texto de Marx (1972:50):

«Las ideas de la clase dominante son las ideas dominantes en cada época; o, dicho en otros términos, la clase que ejerce el poder *material* dominante en la sociedad es, al mismo tiempo, su poder *espiritual* dominante. La clase que tiene a su disposición los medios para la producción material dispone con ello, al mismo tiempo, de los medios para la producción espiritual, lo que hace que se le sometan, al propio tiempo, por término medio, las ideas de quien carecen de los medios necesarios para producir espiritualmente».

Sin embargo es necesario tener presente lo que a continuación añade:

«Las ideas dominantes no son otra cosa que la expresión ideal de las relaciones materiales dominantes, las mismas relaciones materiales dominantes concebidas como ideas; por tanto, las relaciones que hacen de una determinada clase la clase dominante son también las que confieren el papel dominante a sus ideas» (pág. 50).

Quedarnos en la primera parte del texto supondría considerar la ideología como algo introducido desde fuera, es decir, mantendríamos una interpretación instrumentalista o simple de la ideología. Pero cuando Marx explica qué entiende por *ideas dominantes*, explicita que la ideología se produce dentro de las relaciones sociales y, además, éstas tienen una potencialidad ideológica que hacen de una clase la clase dominante. Como dice Fernández Enguita (1986:67), «(...) la versión instrumentalista de la teoría marxista de la ideología subvierte los postulados del propio Marx. Para Marx, es la existencia, y por tanto las relaciones sociales, las que determinan la conciencia». No se trata de negar la dominación y la posesión de los medios de producción material y espiritual por parte de la clase dominante, pero eso no es suficiente. Para explicar el carácter dominante de su ideología, hay que ir a las propias relaciones que se establecen socialmente, en sus distintos ámbitos: escuela, medios de comunicación, lengua, iglesia... para ver como se asimila y se apropia la ideología dominante. Desde el campo de la sociología curricular se pueden traducir estas aportaciones como la necesidad de analizar las diferentes relaciones que se establecen en la institución escolar y de extraer las pautas o dilemas de reproducción ideológica para subvertirlos proponiendo nuevas relaciones de comunicación, en definitiva no se trata simplemente de estudiar los contenidos de enseñanza como el aspecto más importante. Es en el discurso contrahegemónico o revolucionario donde encontramos nuevas dinámicas de relaciones sociales materiales y simbólicas.

La ideología pues, no es simplemente un conjunto de ideas o sistemas de representaciones que sostienen la desigualdad social, sino que supone un nivel material de práctica en las rutinas cotidianas y en todos los niveles de la existencia social. Las «ideologías prácticas» (Sharp, 1988) se desarrollan dentro de las relaciones sociales materiales, y es la ideología la forma mediante la cual los sujetos viven sus relaciones y experiencias. La persona pasa su vida en medio de otras personas y en un medio artificial compuesto por un *conjunto de normas o reglas institucionales,* de objetos y de instrumentos de trabajo. Ese medio se ha creado, y se desarrolla, a lo largo del tiempo histórico de la humanidad y es artificioso en el sentido que no es un producto de la naturaleza sino del acto de la sociedad.

Podemos establecer una relación del pensamiento anticipador, dirigido a actividades futuras que suponen una actitud básicamente teorética, con la *ideología* la cual es producto de las representaciones y relaciones sociales. Éstas unen las partes con el todo y por tanto con los conocimientos no formales, que es una manera de relacionarlos con una concepción gnoseológica.

De acuerdo con todo lo que hemos expuesto sobre la cultura y la ideología podemos convenir que el currículum de la EA es una concreción dimensional de la educación institucional, que cumple una función ideológica en tanto que «representa» en forma de «texto» la relación entre las personas y sus condiciones reales de existencia. La ideología tiene y mantiene una existencia material en el currículum al establecer *qué conocimiento es el más valorado y a quién pertenece,* no únicamente porque supone intenciones o ideas, sino porque éstas se materializan en una práctica comunicativa y relacional. En un sentido althusseriano la EA y su currículum forman parte del aparto ideológico del Estado (AIE), por el hecho de ser considerada como una institución que funciona y que se constituye ideológicamente mediante el currículum. Aunque secundariamente mantiene una situación de represión simbólica, en ser impuesta prescriptivamente por parte de los poderes administrativos, los cuales utilizando un lenguaje supuestamente «neutral» transmiten una hegemonía o visión del mundo respecto de las creencias y prácticas determinadas. Como dice Sharp (1988:92), «el lenguaje permite que las cosas tengan significado, es el mediador de los signos ideológicos» y es también el medio de la existencia de la conciencia. Las ideologías se esfuerzan por proponer una concepción del mundo y por tanto son también especulativas, abstractas, provienen de los sujetos en el marco social donde las clases sociales luchan por afirmarse o por dominar. Deviene en una arma utilizada en la lucha de clases. Tienen como punto de partida la realidad, el acto social (la praxis), podemos decir que constituyen la mediación entre la praxis y la conciencia.

El carácter hegemónico del currículum prescriptivo de la EA se muestra en las *adaptaciones* que se hacen desde otros curricula del sistema educativo, cuando se utilizan los contenidos de conocimiento con la misma visión de mantenimiento del orden social en las relaciones de producción y en un sentido de equilibrio basado en la teoría estructural funcionalista.

Las finalidades de la educación, ligadas a las finalidades políticas, son de mucha importancia para los intereses colectivos, por eso es conveniente reivindicar un discurso político de la educación en lucha contra las relaciones de poder establecidas y de las asimetrías provocadas. Inducir al debate de los objetivos (educativos/políticos) es entrar en una dimensión contrahegemónica del actual discurso curricular; en otras palabras, se trataría de cuestionar las formas, los contenidos, las organizaciones, los métodos de transmisión y las evaluaciones de los conocimientos en el proceso de enseñanza y de aprendizaje para hacer significativos los contextos sociales y explicitar así los contenidos políticos de la educación.

CAPÍTULO SÉPTIMO

Estructura del currículum de la EA

La acepción de la palabra *currículum*, desde la perspectiva de la sociología curricular, ha sido y está caracterizada, fundamentalmente, por el análisis sociopolítico que se hace sobre la función interna (práctica-teoría) y la función externa (educación-sociedad) de la educación. Cualquier análisis que se realice parte de unos supuestos, premisas, determinaciones metateóricas o de unos enfoques frente a la sociedad o, si se quiere, relativos a las producciones culturales que se desarrollan socialmente. En consecuencia, es muy improbable que se llegue a un concepto de currículum unívoco o unificado sino que, más bien, partiendo de aquellos análisis, se caractericen los propios significados del currículum (Gimeno, 1991, 1992; Angulo, 1994; Salinas, 1995; Sancho, 1990). No hay que olvidar que el paso de lo que se denomina «las artes» (pintura, escultura, música...) a formas de organización y de delimitación de éstas enmarca la *aparición de los currícula*. El inicio de ellos es consecuencia, en primer lugar, de las diferentes evoluciones del arte dentro de la Iglesia. Progresivamente dichas evoluciones dan paso a la aparición y preponderancia de formas de arte secular y, en segundo lugar, de la creciente diferenciación entre «artes» y «oficios», entre reproducción y producción social y cultural. El cambio de uno a otro queda manifiesto en la adopción del término «academia» (Williams, 1994) que designa la escuela superior y que procede del lugar donde se reunía la escuela de Platón. Las academias evolucionaron y algunas de ellas se convirtieron en universidades. Las relaciones entre maestro-aprendiz fueron sustituidas por las del profesor-alumno.

Por otra parte, los principios organizadores que subyacen al currículum académico (Young, 1971) son una manifestación de los rasgos de la escuela: la presentación escrita en detrimento de la oral; el individualismo (en contra del trabajo en equipo) centrado en la valoración del trabajo académico, tanto del proceso como del producto del aprendizaje; el carácter abstracto del conocimiento y su estructuración y compartimentación independientemente de la vida y de las experiencias diarias. Podemos afirmar que mediante el currículum hay una reproducción social manifestada en: el individualismo, la competencia, la insolidaridad, la organización jerárquica de las relaciones, la división y clasificación de los conocimientos, la sumisión a la autoridad, los esquemas del tiempo y de los espacios organizados, las calificaciones, las acreditaciones; todos ellos tienen un relativo pero evidente grado de correspondencia con las relaciones sociales que se establecen en otras instituciones. Esos rasgos nos hacen comprender que el problema didáctico no está tanto en los contenidos académicos, que van cambiando de acuerdo con las distintas reformas curriculares, como en los métodos, la organización y los procesos de producción académicos que se determinan o, en otras palabras, en las relaciones ideológicas de comunicación social que se establecen. El currículum como dice Gimeno (1992:157), (...) es un campo privilegiado para apreciar (...) la separación entre intenciones y práctica» o, podríamos decir, entre el significante y el significado de la realidad sociocultural que envuelve los curricula y que no sólo los configura sino que los determina. La sociedad en su contexto histórico, económico y cultural determina el currículum; en este sentido F. Beltrán (1991:54) afirma:

> «(...) el juego de las determinaciones en los tres niveles: de la política curricular (entre principios y metas), de la administración (entre directrices y prácticas) y de las prácticas mismas (entre intereses políticos y prácticos), puede explicar, en cada momento histórico y en cada contexto social y económico, el potencial reproductivo o transformador del currículum.»

Para poder conceptualizar adecuadamente el currículum de la EA planteamos una representación teórica sobre el objeto de estudio de la pedagogía, que fundamenta la propia estructura del discurso pedagógico, pero antes tratamos los procesos de producción y reproducción social y cultural.

1. El proceso de producción social y cultural

Las personas adultas están inmersas en un proceso de producción social y cultural que configura una determinada situación histórica y un contexto, con unas condiciones objetivas dentro de las cuales se forma y se ordena la vida social. Estas condiciones tienen relación con las formas de pensar, con el sistema de representación de creencias y con la conciencia. En este sentido, hablaríamos de una interdependencia del proceso de producción social, que será la base para entender los intereses y establecer, crear y mantener las condiciones de producción vitales, con los procesos de «representación» u objeto del discurso educativo, que se materializa en un currículum. Entendemos por producción no simplemente la relación sujeto-naturaleza sino, además, las relaciones sociales en el trabajo o actividades que se realizan y las concepciones, nociones y rituales sociopolíticos del contexto donde se desarrollan sus vidas. En la producción se produce una acción comunicativa que, tal y como afirma Habermas (1989, 1991), necesita considerar a las personas como hablantes y como oyentes.

La interacción social es un proceso de comunicación entre sujetos, en el que existe una base estructural que la posibilita. En la comunicación el componente de la base estructural son las normas del lenguaje, en las que los interlocutores han de atenderlas en cualquier proceso dialógico. Los distintos lenguajes sociales conforman códigos normativos que delimitan las posibilidades transformadoras del pensamiento y en definitiva de la acción social. La necesidad de un «orden normativo común» (García Ruiz, 1993) si es importante para el desarrollo de la acción, también lo es para las comunicaciones, ya que permite que la comprensión y la interpretación sean compartidas como cultura o como sistema simbólico. A nivel institucional, los lenguajes se transforman en específicos por el registro que se utiliza en los ámbitos de acción social y constituyen un código que opera en el seno de las significaciones de las acciones. Cada código se articula respecto a un valor dominante en un marco institucional y también facilita la normativa compartida.

Como personas adultas interpretamos la realidad que nos envuelve, la cual tiene un significado subjetivo coherente con el contexto histórico y social donde se desarrollan nuestras vidas. El mundo real es el mundo de la vida cotidiana en el que se originan las acciones y el pensamiento, y en el que las objetivaciones de los procesos y de los significados subjetivos inducen a la intersubjetividad del sentido común, que con otras conforman la intersubjetividad compartida. Por otra parte, experimentamos la vida cotidiana de acuerdo con el grado de interés, implicación y respuesta a unas necesidades sentidas dentro de la zona directamente accesible a nuestro alcance y, en concreto, a las acciones en ámbitos o terrenos donde actuamos, fundamentalmente en el espacio familiar y el laboral. La conciencia está determinada por lo que hemos hecho, lo que hacemos y lo que haremos, teniendo en cuenta que el interés real es la base de aquella subjetividad.

Sobre el conjunto de actividades de la cotidianidad se producen los procesos de producción y de reproducción social, los cuales ya hemos tratado en el capítulo quinto. Podemos caracterizar los de *producción* como la forma compleja de objetivación o forma consciente de la genericidad de las personas, mientras que los de *reproducción* tratan de la particularidad que hace que las actividades se dirijan hacia la dominación. Por tanto, podemos distinguir aquellas actividades dirigidas a la reproducción (particularidad) de aquellas que caracterizan la producción (genericidad). Las de reproducción estarían alojadas en aquellas actividades rutinarias que nos subordinan al hacer por hacer, a ser objetos, al vivir por vivir que nos aqueja continuamente como particulares transformados en átomos. Estas actividades no tienen otro interés que la simple satisfacción de las necesidades que nos creamos y nos subyugan a considerar normales las situaciones de injusticia. Lefebvre (1984) lo expresa cuando dice que «la ideología del consumo ha desposeído a la clase obrera de sus ideas y "valores", conservando la primacia la burguesía, reservando la iniciativa para ella. Ha borrado la imagen del "hombre" activo, sustituyéndola por la imagen del consumidor como razón de felicidad, como racionalidad suprema, como identidad de lo real y de lo ideal (...)» (pág. 74). Contrariamente, en las de producción, como forma compleja de objetivación, la persona interviene como un ser comunitario social, el cual va más allá de su ser particular pero, y esto es lo más importante, utilizando de manera consciente todos los conocimientos para esta finalidad.

En el proceso de producción las personas no sólo crean un conjunto de objetos materiales sino, también, un sistema particular con dos tipos de interconexión, o como dice Bauman (1975, 1977) de «acoplamiento»: uno entre las personas y el mundo biológico y el otro de las personas entre ellas en tanto que participan en el proceso de producción. Éste exige una cierta colaboración que puede ser «simple»/«mecánica» o «compleja»/«orgánica». La primera consiste en acciones iguales y con el mismo tiempo para realizarlas. Podemos encontrar un ejemplo de producción mecánica cuando para realizar una tarea hay mucha gente haciendo las mismas acciones; mientras que en la segunda, la producción orgánica, la colaboración o la participación se basan en una división del trabajo, y en la que se crea un vínculo entre las diferentes tareas que tienen la cualidad de ser un proceso racional de producción.

La educación ha asumido históricamente el papel determinante del proceso de reproducción social de tal manera que hay cierta correspondencia entre la educación y los procesos de reproducción y producción sociales (Bowles y Gintis, 1985). La ocultación de una sociedad clasista, bajo los falsos supuestos de las diferencias individuales en el proceso de producción social, permite un ordenamiento educativo directamente relacionado con el desarrollo de las sociedades actuales e indirectamente con el currículum. Así, partiendo de los aspectos o principios de «cientificidad», «objetividad», «universalidad»… «racionalidad» de los conocimientos seleccionados, organizados y distribuidos, se justifica la separación entre producción y reproducción, y su supuesta valoración por las capacidades y por las diferencias individuales. Esta valoración constituye uno de los problemas para el desarrollo curricular porque basa la construcción del currículum exclusivamente en la disciplina psicológica.

La persona adulta ha asumido, mediante la experiencia, una serie de destrezas y habilidades que le han posibilitado participar en los procesos de producción. El aprendizaje en la producción es una necesidad vital que se ha desarrollado a través de modelos a imitar y en el que la enseñanza no constituye por ella un proceso, sino que ha formado parte del propio aprendizaje. Cuando la sociedad se ha decantado hacia una concepción de explotación de unas personas sobre otras, y además los derechos básicos como el trabajo no se han conseguido es cuando la EA ha entrado en la dinámica de separación de los contextos de «producción» y de «reproducción». Las personas adultas necesitan estar en el propio proceso de producción y no estar próximas a dinámicas ajenas al propio sentido ontológico del ser más.

Cuando estudiamos las experiencias de las personas no nos interesamos por las personas como individuos, sino por la *realidad personal como producto de la realidad social* que determina radicalmente la propia condición humana. Como dice Popkewitz (1988), «los problemas del currículum son de caríz filosófico (la naturaleza del conocimiento) ética (qué ha de enseñarse) y política (en interés de quién). En consecuencia, son irreductibles a la psicología (...)». Añadimos que los problemas del currículum son también de caríz sociológico, ya que tratan de responder a las cuestiones: *qué* es el conocimiento y *por qué* y *cómo* se construyen y distribuyen socialmente los conocimientos; si bien «en la tradición pedagógica se han cuestionado prácticamente todos los elementos del currículum: la metodología, los objetivos, la evaluación... en tanto que el contenido ha quedado prácticamente intocado e intocable» (Blanco, 1994:233). El contenido del currículum pone en relación aquellos conocimientos socialmente contruidos con los construidos académicamente, y ha resultado un mediador comunicativo entre sociedad y educación. Gráficamente:

Figura 1

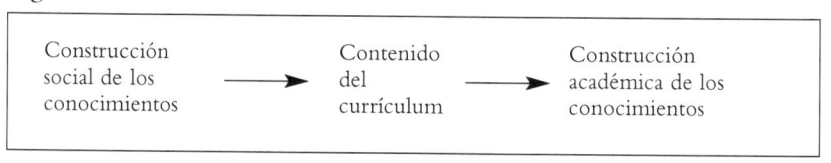

| Construcción social de los conocimientos | → | Contenido del currículum | → | Construcción académica de los conocimientos |

La educación, y más concretamente la EA, ha de aportar los instrumentos culturales que produzcan la unión entre persona-naturaleza y que ayuden a concebir la historia como la progresiva transformación de la persona y de la racionalidad del mundo. En este sentido, Gramsci (Manacorda, 1977; Betti, 1981) propone la necesidad de crear una nueva sociedad y busca en la escuela el medio de unir el saber y los valores del humanismo, rechazando toda distinción entre método y contenido de enseñanza, entre educación e instrucción, separación que cae en una abstracción sin sentido.

2. Objeto y estructura del discurso pedagógico de la EA

Desde una perspectiva educativo-sociológica del conocimiento, consideramos que el origen de éste está en el nivel más profundo de la estructura social: *el modo de trabajo o actividad de las personas*, que sería una forma ampliada del proceso de producción social. El modo de trabajo y su división ha sido un factor, el más importante, de la evolución de las sociedades, de aquí que, en la misma lógica, se han producido cambios en la estructura de los conocimientos que han sido los responsables del crecimiento del cuerpo de conocimientos (únicamente es necesario pensar en las especializaciones ocupacionales). La división del trabajo, basada en las clases sociales, no es una división horizontal sino jerárquica y, en consecuencia, los conocimientos tienen un origen, una distribución y una valoración social distinta de acuerdo con el estatus de poder de las instancias de selección y de distribución.

Pero también el modo de trabajo se relaciona bidireccionalmente con el proceso de producción y el contexto social y cultural donde desarrollan las vidas las personas adultas, tal y como hemos tratado de mostrar en capítulos anteriores. Dentro de este *triángulo (modo de trabajo, contexto y proceso de producción)* se establece la *Función Interna (FIE) y la Externa de la Educación (FEE)*. Como expone Lundgren (1992:70), «el problema elemental de los teóricos del currículum es el análisis de la relación entre la función interna y la externa de la educación; en otras palabras el análisis de cómo el proceso de la educación se adapta a las demandas de la producción, por una parte, y del Estado por otra». En otras palabras, y desde una perspectiva de la teoría crítica, el currículum «encara la doble cuestión de la relación entre educación y sociedad y entre escolarización y el Estado como problema central, tratando de poner de manifiesto sus relaciones» (Kemmis, 1988:101).

El núcleo vertebrador del triángulo lo constituyen las *formas o sistema de conocimiento: objeto del discurso pedagógico* de la EA, que mediante la función externa de la educación se uniría a los contextos sociales y culturales. Es en esta relación donde se establece un proceso de lucha entre la hegemonía y la contrahegemonía de los intereses políticos y prácticos (instancias y niveles de determinación curricular). Estos intereses transforman los modos de vida (creencias), modos de pensar, valores... y los métodos de producción en conocimientos de naturaleza práctica. Por otra parte, será la función interna de la educación el proceso mediante el cual la educación se adapta a las demandas de producción a través del *curriculum*, el cual, teniendo en cuenta la complejidad de los procesos que se incluyen en el triángulo, tratará de resolver el problema de la representación de los conocimientos (teoría-práctica), de acuerdo con los niveles de determinación curricular procedentes de aquellos intereses políticos y prácticos. Gráficamente:

Figura 2

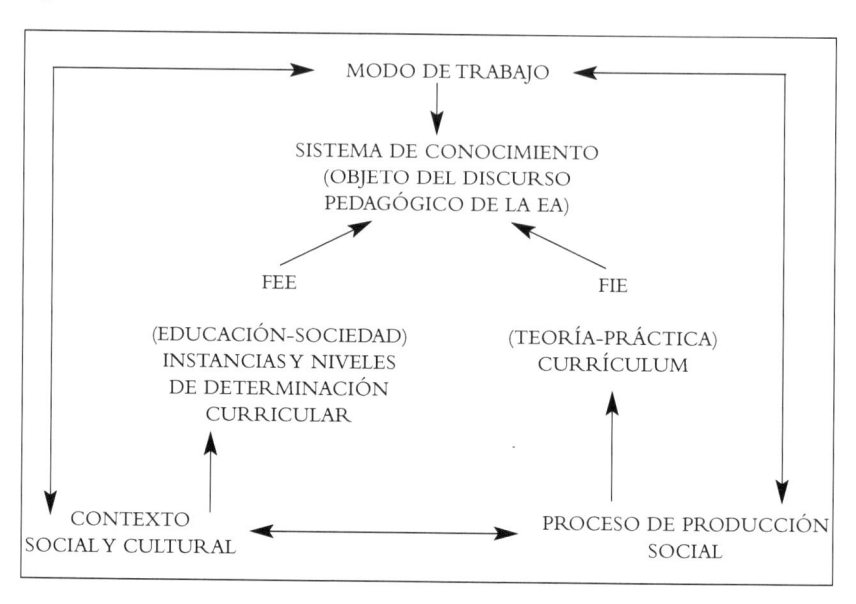

```
                    MODO DE TRABAJO
                           ↓
                  SISTEMA DE CONOCIMIENTO
                   (OBJETO DEL DISCURSO
                    PEDAGÓGICO DE LA EA)

            FEE                           FIE

    (EDUCACIÓN-SOCIEDAD)            (TEORÍA-PRÁCTICA)
      INSTANCIAS Y NIVELES              CURRÍCULUM
       DE DETERMINACIÓN
          CURRICULAR


        CONTEXTO                    PROCESO DE PRODUCCIÓN
    SOCIAL Y CULTURAL  ←————————→          SOCIAL
```

La *estructuración* del discurso pedagógico queda implícita en los siguientes conceptos:

1. *Estructura curricular:* conjunto de reglas y recursos que intervienen en la articulación institucional de los conocimientos.
2. *Principios curriculares*: principios de formalización sobre la valoración, selección y distribución de los conocimientos sociales y educativos.
3. Propiedades o *formato curricular*: aspectos institucionalizados de pautas de conocimientos educativos que se extienden por un tiempo y por un espacio social (códigos curriculares).

El dispositivo pedagógico, y en concreto la estructura curricular, tiene unas *reglas internas* (Bernstein, 1988, 1990, 1993, 1998) que regulan la comunicación pedagógica y que operan de *forma selectiva* sobre el *potencial significativo* del sistema de conocimiento. Por esta razón no son independientes de las ideologías y son consideradas como la condición de la producción, de la reproducción y de la transformación de la cultura. Si son importantes los contenidos que se transmiten también lo son las estructuras que permiten la construcción de esos contenidos, ya que en la medida que comprendemos las construcciones estaremos en disposición de transformar o de modificar los propios contenidos. Metafóricamente, esta estructura proporciona la gramática intrínseca del dispositivo pedagógico a través de:

1. Reglas distributivas: regulan la relación entre el poder, los grupos sociales, las formas de conciencia y la práctica; en ellas se determinan qué discursos son pensables y/o impensables y qué posibilidades de acción se ofrecen.
2. Reglas de recontextualización: regulan la constitución del discurso pedagógico creando las posibilidades de transmisión de la cultura a través de la inserción de un discurso instructivo (competencias especializadas) en un discurso regulador (principios de orden, de relación y de identidad) de orden social, el cual domina sobre el primero.
3. Reglas de evaluación: están construidas en la práctica pedagógica y hacen referencia a la jerarquía (entre quien enseña y quien aprende), al ritmo y a la secuencia de los saberes en la enseñanza y el aprendizaje y a los criterios o tipos de comunicación.

Las reglas distributivas determinan lo que es «pensable» de lo «impensable», pero fundamentalmente quién puede desarrollar lo «impensable», lo «imposible»; es por tanto una distribución de poder, en él se regula la realización de este potencial, en beneficio de los intereses del orden social que es quien crea, mantiene y legitima la ordenación social por clases. Pero, ¿cómo se traduce esta regla a la EA? Lo pensable es lo que se da en la institución escolar, es lo que denomina Bernstein el conocimiento «mundano», pero lo «impensable», que denomina «esotérico», se produce en los niveles superiores del sistema educativo (universidades), la división y la regulación de los cuales está marcada por el poder institucional de los códigos en agencias y agentes especializados (instancias de decisión y de determinación). La línea que separa el conocimiento «mundano» del «esotérico» se determina por un periodo, un espacio y un tiempo concretos, pero también, y fundamentalmente, por «códigos elaborados», que serán los mecanismos para pensar lo «impensable», lo «imposible» y que aportan un significado regulador y de distribución. En la EA la separación de «conocimientos» por esta línea puede dar lugar a dos propuestas:

1. Reforzar esta línea: convirtiéndose la EA en el «escolarismo», en la vía «compensadora» y reproductiva socialmente, o

2. reconvertir y reconstruir esta línea: posibilitando un camino para «repensar» lo «impensable» y por tanto facilitar un dispositivo pedagógicamente democrático.

Volviendo a la estructura curricular, y en concreto a la recontextualización como la regla que inserta un discurso instructivo en un discurso regulador de orden social, de manera que el último domina sobre el primero, el discurso regulativo «recontextualiza» los «códigos elaborados» en un proceso didáctico de descolocación y de recolocación de los significados originales. Esto lo lleva hacia una práctica imaginaria de acuerdo con los principios dominantes de una determinada sociedad. La «regla recontextualizadora», en la que predomina el *discurso regulador*, puede verse alterada en su clasificación y en su enmarcamiento por un discurso pedagógico que trate los *significados originales* en *originales significados*, deshaciendo la aseveración según la cual «(...) quienes *reproducen* el conocimiento legítimo institucionalizan lo "pensable", mientras que quienes *producen* conocimiento legítimo institucionalizan lo "impensable" (...)» (Bernstein 1993:193).

La finalidad de la gramática de la EA es equiparar los discursos apropiados con los discursos imaginativos. Las reglas del discurso pedagógico de la EA no intentan tanto insertar el «discurso instruccional» en el «discurso regulativo» como recontextualizar estos discursos, aunque es necesario admitir que existe un campo de la recontextualización oficial dominado por el Estado y sus agentes y un campo de recontextualización pedagógica. Estos campos son un campo de lucha y un elemento fundamental para analizar la institucionalización de la educación.

Entendemos que el currículum de la EA hace referencia a todos aquellos conocimientos valiosos y adecuados que se desarrollan socialmente. La dominación del «discurso regulador», que transforma un «discurso original» en otro «imaginario», puede *no* darse en la EA, es decir, que determinados conocimientos no se recontextualizan. Por ejemplo, en el trabajo de camionero determinados conocimientos originales no tienen por qué transformarse en imaginarios. Lo que nos permite afirmar *la especificidad del currículum de la EA* y concluir en la siguiente *proposición pedagógica*: si las formas de conocimientos que se trabajan en la escuela constituyen un producto o una representación específica de la cultura, tal y como se explicita desde el discurso pedagógico; el sistema de conocimientos, que constituye el objeto del discurso pedagógico de la EA, no necesariamente ha de derivarse de una representación específica de la cultura sino que contrariamente ha de sustentarse en ella, de tal manera que las funciones y reglas de la EA respondan tanto a las propias del contexto escolar como a las propias fuentes de su procedencia social.

Por esta razón la física, la música, la historia, la carpintería, el dibujo, la informática, la literatura... tienen, por una parte, un componente igual al de la producción del conocimiento (cultural) pero, por otra, también una singularidad procedente del propio discurso pedagógico que no tiene nada que ver con el anterior y, por tanto, desde este discurso no se puede decir que coinciden los conocimientos de física, música, historia... El sistema de conocimientos (sociales-educativos) se uniría y se complementaría tanto en relación con la producción como en su desarrollo. Tendría también una repercusión fundamental y básica en las relaciones, las comunicaciones y el papel de los agentes educativos, así como en las instancias curriculares.

Teniendo en consideración lo expuesto, seguidamente analizamos aquellas propiedades o pautas curriculares que nos permiten aproximarnos a las funciones, las características y en definitiva al propio concepto de currículum de la EA.

3. Elementos a considerar en la construcción del currículum de la EA

En primer lugar, se hace necesario distinguir entre el *capital cultural* heredado por la familia y el *capital escolar* que es producto del capital cultural que se transmite mediante la familia y por la transmisión cultural del funcionamiento de la escuela. Ésta contribuye por «inculcación e imposición» de valores a la constitución de la cultura legítima. Bourdieu (1991) define la «cultura libre» como aquella que está en el interior de la cultura dominante, que no se inscribe en el currículum y que no está controlada por los exámenes, por la evaluación. Tiene un alto valor simbólico desde las instituciones sociales y aporta *distinción*. La titulación académica no es una condición para el acceso a la cultura legítima, sino que la institución escolar funciona como mediadora cultural, aumentando la acción de la familia. Más bien, la titulación hace referencia a la disposición de entrada a la cultura legítima. Existe relación entre las prácticas culturales que se desarrollan dentro de la institución escolar con las otras instituciones de socialización. Estas prácticas culturales se distinguen unas de otras por la clase social que las desarrolla. El «capital cultural heredado» conduce a diferentes trayectorias y a posiciones regularmente equivalentes, lo que supone una correlación entre la posición social y las disposiciones de las personas que las ocupan. Este proceso viene marcado por diferentes informaciones que aportan un conocimiento práctico de las fluctuaciones del mercado respecto de las diferentes titulaciones académicas, y dan paso a un poder de decisión sobre el mercado de las acreditaciones.

El capital cultural queda determinado por el *habitus*, el cual se configura como un sistema de signos distintivos de las diferentes prácticas y productos sociales y genera nuevas representaciones ajustadas a las condiciones objetivas. Es así como los pensamientos de las personas tienen límites marcados por su condición y, además, su condición también limita su práctica. La conciencia, como ya hemos expuesto anteriormente, es una toma de posicionamiento frente a esta situación. En las clases sociales más bajas, el *habitus* se transforma en una necesidad de aceptación de lo necesario para vivir. Desde esta perspectiva, las clases no se definen simplemente por la posición en las relaciones de producción sino también por el *habitus* en el cual se encuentra aquella posición. La resignación respecto de las necesidades se muestra a través del *tiempo libre* en la vida cotidiana. Un ejemplo de ello lo podemos ver en el tiempo que dedican las clases más desfavorecidas socialmente a los momentos para conservar y mejorar aspectos como la salud, la formación, las relaciones... y por supuesto quedan fuera aspectos como la belleza, cuidados corporales... Las necesidades provocan la adaptación y la aceptación a una posición de dependencia, mostrada por los signos de valor social como son los estatus de las profesiones y consecuentemente el salario. Éstos están también legitimados por las acreditaciones académicas del mercado institucional de la educación.

En el campo de la educación es el sistema de enseñanza el que institucionaliza la clasificación y reproduce las jerarquías del mundo social con unos niveles, unas segmentaciones, unas disciplinas y unas especialidades que reflejan las divisiones sociales. La aparente neutralidad de la educación legitima las jerarquías sociales y lleva a Bourdieu (1991:395) a identificar: «(...) el valor social y el valor personal, las dignidades académicas y la dignidad humana». Las relaciones de producción y la reproducción social y cultural aportan los diferentes grados de representación entre simetría y asimetría social (Bowles y Gintis, 1985). La ampliación de los medios de reproducción y su complejidad, dentro de las relaciones sociales tan diferentes y diversas, provocan la aparición y la diversificación de muchas asimetrías de dominación y subordinación. Como nos recuerda Williams (1994:92) «(…) especialmente en la imprenta (…) se produjo pronto una asimetría evidente entre las formas heredadas y relativamente rígidas de reproducción social y cultural y esta nueva producción y distribución cultural, móvil y diversa», la cual ocasiona importantes dificultades en los curricula ya que le exigen unos cambios rápidos, continuos y transformadores que, por otra parte, los bloquean y les subyugan a las formas tradicionales de construcción curricular. Es por eso que nuestra propuesta se dirige también a proporcionar vías de construcción curricular distintas de aquellas que existen.

Los conflictos por el control directo en la construcción curricular han sido un factor decisivo en el mantenimiento del orden y de la jerarquización de las funciones dentro de las instituciones oficiales de reproducción. Ello provoca una asimetría no manifiesta de las relaciones sociales pero que se muestra en las correcciones más autorizadas sobre los conocimientos sociales. Si pensamos cómo se han determinado algunos conocimientos (entre los cuales destacamos la letra impresa) nos damos cuenta que las correcciones o cambios están en función de la posición social y que cualquier corrección pasa, ineludiblemente, por el control curricular de las clases sociales que buscan en la *distinción* las propias diferencias sociales, es decir, de estatus y de roles (Collins, 1989). Responder desde una perspectiva curricular al problema es partir de otros presupuestos de análisis del currículum, es por eso que a lo largo del ensayo tratamos de construir un discurso del currículum de la EA basado en su construcción social.

Desde una perspectiva sociológica, el currículum como «espacio de relaciones» (F. Beltrán, 1991, 1994) supone un proceso de producción y de transformación de los contenidos de conocimiento (conocimiento académico) por las diferentes instancias y agentes sociales que configuran las determinaciones curriculares, y están en relación dialéctica entre la base socioeconómica y la superestructura. Es a través de esta relación que se forman la conciencia, las maneras de pensar y el sistema de representación de creencias que, por otra parte, regulan, mediante códigos, aquellos conocimientos en los cuales se establece un orden sistemático del conocimiento, atendiendo al tiempo y al espacio. La relación dialéctica se fundamenta en una articulación sustancial entre modos de producción o actividad humana (base) y el mundo producido por esta producción o actividad (superestructura), pero tomándolos «(…) en el sentido decisivo de que no son "áreas" o "elementos" separados, sino actividades y productos totales y específicos del hombre real» (Williams, 1980:99). La argumentación queda representada a través del siguiente cuadro:

Figura 3

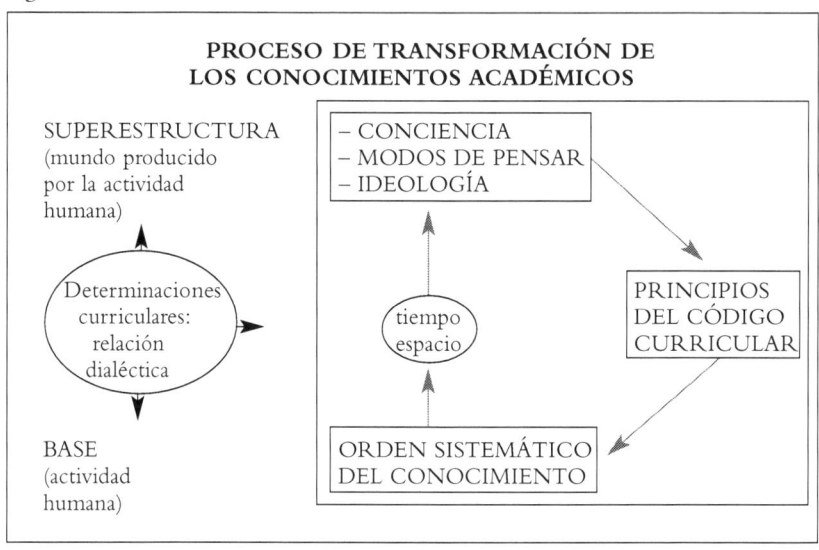

PROCESO DE TRANSFORMACIÓN DE LOS CONOCIMIENTOS ACADÉMICOS

SUPERESTRUCTURA (mundo producido por la actividad humana)

– CONCIENCIA
– MODOS DE PENSAR
– IDEOLOGÍA

Determinaciones curriculares: relación dialéctica

tiempo espacio

PRINCIPIOS DEL CÓDIGO CURRICULAR

BASE (actividad humana)

ORDEN SISTEMÁTICO DEL CONOCIMIENTO

En todo este proceso existe un grave problema que Abercrombie (1982:49-50) explicita de la siguiente forma: «en las sociedades contemporáneas puede darse que el sistema educacional esté tan impregnado de ideas dominantes que las clases subordinadas sean literalmente incapaces de *formular* su oposición; el predominio de las ideas dominantes impide el disenso». De aquí la necesidad de analizar las actividades de las personas adultas para poder aportar nuevas vías democráticas al currículum.

Por otra parte, el currículum de la EA no puede estar divorciado de los imperativos y de los temas sociales más amplios, por eso consideramos las aspiraciones y los objetivos como las caras de la misma moneda. Para Jarvis (1989:82), las aspiraciones «son ampliamente filosóficas, contienen implicaciones ideológicas, incluso son explícitamente ideológicas en sí mismas». De la misma manera podemos hablar de los objetivos, aunque la literatura sobre éstos es mucho más extensa. Así, la distinción entre los «objetivos de conducta» y los «objetivos expresivos» (terminología procedente de Stenhouse, 1987) mantiene relación con la ideología educativa. Los objetivos de conducta dictan los resultados en forma de conducta o capacidades del proceso de enseñanza y aprendizaje y están dirigidos hacia una educación «desde arriba». Los objetivos expresivos surgen del proceso de deliberación y negociación entre los intereses de la persona aprendiz y el currículum prescrito utilizado por el enseñante; giran alrededor de las actividades sin concretar o especificar conductas o puntos concretos del proceso de enseñanza y aprendizaje y además se dirigen hacia una educación «de iguales» (Freire, 1988).

El currículum de la EA como *regulador de conocimientos* que se desarrollan socialmente está inmerso en una teoría curricular que trata los modelos de producción y los modelos de selección, distribución y transmisión de conocimientos académicos del espacio cultural. Ello supone tener que considerar las teorías sociales y las ideologías, en las que entran en relación conceptos como la hegemonía, el control, el orden, los intereses de clase, de poder... Pero también es necesario tener en cuenta que en el currículum, en tanto que conocimientos académicos, tienen más importancia las formas que adopta que los contenidos que determina. Las formas se pueden mostrar mediante la clasificación de los conocimientos en dos tipos de códigos pedagógicos (Bernstein, 1988; Torres, 1994): el tipo colección y el tipo integrado. El primero supone una clasificación dura, de aislamiento entre las diversas materias y, por contra, el segundo implica un grado importante de intercomunicación entre las materias. Las relaciones de comunicación entre los agentes educativos es distinto en uno que en el otro y, en consecuencia, el tipo de enseñanza y aprendizaje también varía.

En el currículum se manifiestan las creencias y las prácticas comunicativas que posteriormente se amoldan y penetran en el conocimiento cotidiano; es decir, las relaciones históricas y situacionales de la producción entre personas. Se hace imprescindible un *análisis crítico* de estas *creencias y prácticas* que se manifiestan a través de los significados o intereses. El interés induce a unas creencias, aunque frecuentemente distorsionadas por los afectos, las ilusiones y la racionalización de la esperanza; es decir, por las preferencias de las creencias en un estado (real) por encima de otros estados que las configuran como apariencias.

En este camino es necesario desarrollar el concepto de *interés* ya que ofrece el principio mediante el cual los intereses de la «clase hegemónica», por las circunstancias históricas y contextuales, convierten en necesidades aquellos conocimientos para vivir y convivir. Los intereses provienen de la inversión lógica, según la cual las necesidades pueden ser sentidas o experimentadas cuando la persona tiene una o unas experiencias en las que sus propios conocimientos no le aportan suficiente información o formación para resolverlas. Si esta o estas necesidades están en consonancia con los principios de la conciencia, y en consecuencia con los valores de la persona, se convierten en intereses, que es la forma consciente de reconocer las necesidades. Así:

Figura 4

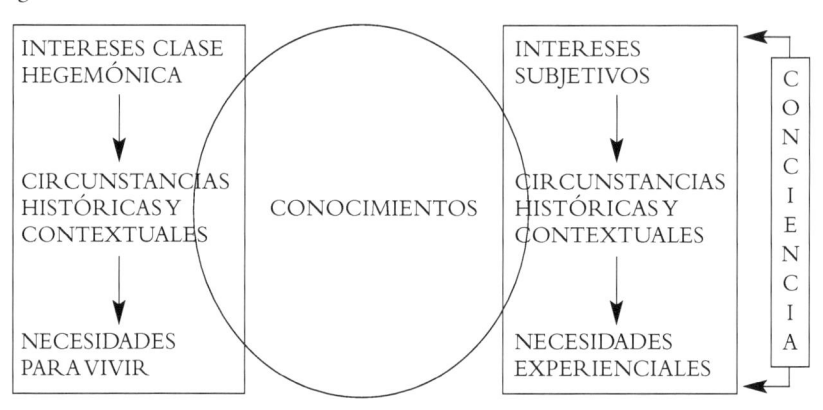

```
┌─────────────────┐         ┌─────────────────┐  ┌───┐
│ INTERESES CLASE │         │   INTERESES     │  │ C │
│   HEGEMÓNICA    │         │   SUBJETIVOS    │  │ O │
│        │        │         │        │        │  │ N │
│        ▼        │ ╱───╲   │        ▼        │  │ C │
│ CIRCUNSTANCIAS  │(       )│ CIRCUNSTANCIAS  │  │ I │
│   HISTÓRICAS Y  │ CONOCI- │  HISTÓRICAS Y   │  │ E │
│  CONTEXTUALES   │ MIENTOS │  CONTEXTUALES   │  │ N │
│        │        │(       )│        │        │  │ C │
│        ▼        │ ╲───╱   │        ▼        │  │ I │
│   NECESIDADES   │         │   NECESIDADES   │  │ A │
│   PARA VIVIR    │         │  EXPERIENCIALES │  │   │
└─────────────────┘         └─────────────────┘  └───┘
```

El currículum, como proyecto cultural, trataría de recoger aquellos intereses sociales que por las circunstancias históricas y contextuales se han convertido en necesidades. La consecución y satisfacción de las necesidades constituye la primera contingencia de la vida humana y explica la actividad de las personas tanto en las luchas como en el devenir de la historia. Las necesidades son el punto clave de la orientación de las personas y constituyen el *criterio* principal de *selección de los objetivos* que los envuelven y de los fenómenos que les son importantes. A causa de las necesidades algunos objetos y fenómenos devienen bienes y adquieren un *valor* determinado. El valor es lo que confiere a los fenómenos sociales y a las acciones humanas una *significación* determinada y reside en la *conciencia* de las personas que actúan. Conciencia que está relacionada con las necesidades humanas y éstas definen lo que constituye un bien y lo que tiene valor para las personas.

Las necesidades no dependen de las personas sino que están condicionadas por la *cultura* en la cual la persona se desarrolla y son una *objetividad* para ella. Las aspiraciones o las intenciones conscientes y los objetivos de la actividad humana están provocados por las necesidades objetivas de la persona que se producen históricamente y que quedan determinadas por la red de relaciones sociales «más o menos perdurables»

(Bauman, 1975:27); es decir, por la estructura de la sociedad y por la posición que ocupa la persona.

La evolución social, esto es, la época y el contexto sociocultural donde se desarrolla la vida de las personas provoca una reconstrucción cognitiva del mundo que nos envuelve, modificando las acciones y el pensamiento y, por tanto, las condiciones de vida en nuestro mundo. En este sentido podemos decir que el *currículum convierte los intereses en necesidades de acuerdo con la evolución social*. Un ejemplo de todo ello podría ser, en un futuro próximo, el hecho de que el interés por las imágenes visuales (y en concreto su lectura) se convierta en una necesidad para poder comprender e interpretar la propia vida personal y social. Sin embargo, no hemos de olvidar que son distintas las posibles regularidades para cada sociedad y más aún cuando dentro de ella conviven distintos tipos de cultura que intentan dar respuesta a la satisfacción de las necesidades humanas.

Si partimos del supuesto de que el currículum prescrito tiene relación con la ideología de una determinada clase social, de sus intereses, será necesario estudiar los intereses de los agentes educativos que participan en la EA para adentrarnos en distintos contenidos de conocimiento; es decir, provocar que los intereses subjetivos se transformen en intereses conscientes u objetivos (necesidades), tal y como proponemos en la *producción académica de conocimientos*.

Estudiar los intereses con la intención de conocer y conectar, sintonizar con el lenguaje de la población es una relación de comunicación dialogante que supone *per se* un aprendizaje mutuo entre las personas adultas. Como dice Freire, es un proceso de concienciación en el cual las personas llegan a un conocimiento cada vez más profundo de la realidad sociocultural que conforma y determina sus propias vidas como paso previo para la transformación de esa realidad. De aquí la necesidad de un trabajo de construcción social del currículum o, como decimos más adelante, de producción académica del conocimiento. Tratamos, pues, de proponer alternativas para desarrollar la especificidad del currículum de la EA desde una perspectiva democrática, en oposición a los mecanismos y estrategias que desde niveles e instancias de determinación curricular actualmente se utilizan. Pero antes de tratar el proceso de producción académica es necesario volver sobre la caracterización y conceptualización de los conocimientos no formales, a pesar de haberlos tratado anteriormente.

4. Rasgos característicos y concepto de los conocimientos no formales

Cualquier conocimiento no formal es una construcción social basada en el proceso de producción de actividades desarrolladas por las personas en la sociedad, en un espacio geográfico y en un tiempo histórico, es decir, en un contexto sociocultural y económico. Este contexto y su evolución no sólo han creado la división en clases sociales sino que también han modificado las acciones y el pensamiento y, en consecuencia, las condiciones de vida de las personas y de sus experiencias. Los conocimientos no formales son profundamente históricos de acuerdo con la propia historicidad del ser humano. El fundamento del conocimiento no formal está en la propia esencia del ser y de la sociedad, la *praxis*: el acto, la acción, el discurso, la interacción. Este concepto marxista contiene «(...) múltiples elementos sociológicos: una sociología de las necesidades, de los objetos, del conocimiento, de la vida cotidiana, de la vida política, etc.» (Lefebvre, 1969:35), nosotros incluimos dentro de éstos el del currículum como una construcción de todos ellos. En otras palabras, la praxis es el fundamento del conocimiento no formal, el contenido que crea *formas:* de la educación, de las interacciones entre las personas, de las estéticas, de las lógicas... En la praxis queda incluido el trabajo, lo que denomina Arendt (1993) la *vita activa*: la labor, el trabajo y la acción. Tal y como dice Bauman (1975:116): «(...) el trabajo es el comienzo de la sociedad humana; su desarrollo es base y premisa del desarrollo histórico en su totalidad». Pero ha sido la *división del trabajo* el factor responsable de la producción, crecimiento (cuantitativo) y desarrollo (cualitativo) de los conocimientos no formales. Es necesario recordar que esta división no es el resultado de una distribución equitativa del trabajo sino de la jerarquización de las clases sociales en el proceso de producción. Es por eso que la *valoración* y *significatividad* del conocimiento no formal están en relación con la estratificación social y, como ésta, esas funcionan en forma de relación e intercomunicación no estática, en el sentido de que cualquier cambio en la evolución, en la estratificación, en la división del trabajo no sólo no provoca sino que contiene cambios en la estructura del conocimiento. El hecho de que los conocimientos de la clase dominante (materializadas en su cultura) se dirigen a una *distinción* respecto de las otras clases supone un grave problema para el currículum, tanto en relación con *qué* conocimientos como *quién* los selecciona. En este sentido entramos en la discusión sobre la relación entre conocimiento y poder, la cual tratamos posteriormente.

Los intereses colectivos son el *factor de selección* histórica de los conocimientos no formales y la *racionalización* y *la adecuación* histórica son instrumentos fundamentales de esa selección. El conocimiento no formal se adapta a las nuevas condiciones y se va modificando según las necesidades, y si no es así aparecen nuevas perspectivas en el sistema de conocimiento (objeto del discurso pedagógico de la EA), más adecuadas a las nuevas situaciones históricas, a nuevos sistemas de relación y de intereses colectivos. El conocimiento no formal permite la *clasificación* de las experiencias de las personas de acuerdo con determinados *principios*; es decir, establecen las razones por las cuales es necesario seleccionar y, también, las razones opuestas por las cuales es necesario rechazar las normas de pensamiento y de la acción práctica. Estos principios, la construcción y los rasgos de los conocimientos no formales, tienen que ver con el sistema significante (cultura) y los elementos de distribución del poder que subyacen en el lenguaje creado. El campo de dominación cultural provoca un lucha continua y desigual en la que la cultura dominante desorganiza y reorganiza (construye) la cultura dominada. En este sentido, es obligado recordar que el aprendizaje no es sólo un hecho individual, ya que el conocimiento es social, de aquí que podemos afirmar que el aprendizaje del conocimiento es también un proceso social.

La relación entre la cultura y el conocimiento no formal puede quedar reflejada en la distinción que hace Marcuse entre el concepto de cultura y el de «cultura afirmativa» (expuesta en el capítulo anterior). El concepto de cultura es fundamental porque «(...) a través de ella se expresa la vinculación del espíritu con el proceso histórico de la sociedad. Este concepto (la cultura) se refiere al todo de la vida social en la medida que en ella, tanto el ámbito de la reproducción ideal (cultura en sentido restringido, el «mundo espiritual») como el de la reproducción material (la «civilización»), constituyen una unidad histórica (...)» (Marcuse, 1968:49). Esta conceptualización es la que nos interesa y nos aproxima a los propios conocimientos no formales y en concreto a sus procesos de producción y de reproducción. En oposición a esta cultura está la «cultura afirmativa», la cual podríamos enunciar como: aquella cultura dominante en la que se separa el mundo «anímico-espiritual» de los valores de la «civilización», colocando aquéllos por encima de ésta. Como cultura dominante se caracteriza por la afirmación de un mundo valioso y obligatorio para todos que se afirma y se siente superior, pero, y es aquí donde reside nuestra oposición, niega el mundo real de la vida cotidiana, la lucha constante por la existencia, las condiciones sociales de los sujetos y en definitiva el conocimiento no formal.

El uso del conocimiento no formal, es decir lo que uno conoce, su saber, posibilita su uso discrecional. En la medida que la persona aprende (nivel cognitivo) a utilizar el conocimiento (perspectiva social: a estar informado sobre su uso y a tenerlo como autorreferente) le permite ser miembro activo de la sociedad, pero además el aprendizaje (ejecutivo) de la sociedad implica transformarla. La persona comienza a actuar como sujeto social cuando hace un uso discrecional del conocimiento no formal, es decir, que es capaz mediante su *conciencia reflexiva* de expresar los propios intereses.

Pero es en la sociedad donde reside la totalidad del poder, aunque éste nunca está disponible por igual para todas las personas que la constituyen. Las propias asimetrías de la distribución del conocimiento no formal hacen que sólo algunos estén en disposición de poder, es decir, en posesión de discreción en el uso de las rutinas de la vida cotidiana. Ejemplos de esto los podemos encontrar en las normas de circulación, en el «navegar» en las redes de información... Pero, ¿cómo descubrir y comprender el poder que poseen las personas? Es necesario entender que el poder es la capacidad para la acción y la posesión de discreción en el uso de ella (*qué* conocimientos y *quién* los selecciona). Pero también es necesario analizar el *contexto* donde se desarrollan sus vidas para poder acceder a conocer el poder. Tratar de buscar nuevas vías de distribución de poder es tratar de construir un currículum basándose en principios que tengan en cuenta lo que estamos diciendo y en la necesidad de hacer explícitos los *valores políticos*. En este sentido, «cuando reconocen las virtudes de los altos niveles de "despolitización"» (Barnes, 1990:160) los poseedores de poder también reconocen implícitamente cuánta riqueza de recursos se podría utilizar contra ellos si se produjese un proceso de «politización». El proceso de politización o de política social de la EA es una manera de entender la vida cotidiana o social, en la que se han de mantener normas para la *acción colectiva* que, por otra parte, limitan las acciones de los particulares, es decir el *statu quo*.

La politización permite producir y no impedir las transformaciones sociales, por ello es necesario tener en cuenta un elemento fundamental, la *organización*; clave para hacer reales los proyectos de la acción colectiva, pero que no desarrollamos ya que sería objeto de un trabajo posterior. Comprender el conocimiento no formal y el poder supone comprender el comportamiento humano, las relaciones que se establecen entre los sujetos, en las cuales se les considera agentes activos unidos por un conocimiento y una conciencia de acción compartida. Partimos, pues, de una concepción social de adultez en que el origen, el valor y el alcance de los conocimientos no formales se encuentran en las formas de producción *vita activa* que experimentan las personas en la vida cotidiana dentro de lo que constituye la base socioeconómica. En la *vita activa*, y de acuerdo con lo que exponemos, las «estructuras de conocimiento reflejan las estructuras del sistema que producen ese conocimiento que, a la vez, refleja las estructuras del sistema social» (Jarvis, 1989:196).

Las formas de *organización del currículum* mantienen relación con la *estructura de conocimiento* que se produce en las transformaciones de las formas de producción. En este sentido se incluye la discusión y producción entre curricula *integrado*, donde las distintas áreas de conocimientos formales entran en relación con una tarea compartida y cooperativa, y los curricula *disgregados* en los cuales cada vez más se produce una especialización y compartimentación mayor entre las distintas áreas. Éstas son el resultado de la corporativización de diferentes disciplinas de conocimientos académicos, proceso que podemos llamar la división progresiva de los conocimientos no formales.

Teniendo en cuenta lo dicho, definimos el *conocimiento no formal* como la forma cognitiva que toman las actividades cuando responden a los intereses reales (tanto los que se aprenden por tradición como los que se aprenden por problemas) y que son de sentido común porque los compartimos con otros en las rutinas de la vida cotidiana.

El rasgo fundamental que distingue la persona de otros seres vivos es la cultura y la herencia cultural, la cual se basa en el conjunto de experiencias de las generaciones y en la transmisión de ellas bajo formas simbólicas y de síntesis. El conocimiento no formal está constituido por la síntesis de experiencias simbolizadas en el lenguaje, que hace posible partir de las posiciones a las cuales habían llegado las generaciones precedentes. Proporciona cogniciones distintivas a las personas y las orienta socialmente, unifica y coordina las acciones, hace posible a la colectividad una acción común subordinada a las finalidades y normas comunes. Por otra parte, nuestra cultura establece una variedad del conocimiento, el *conocimiento científico*, que ofrece un principio de clasificación de las experiencias humanas ordenadas en el eje «verdadero-falso». Estos conocimientos han consolidado su legitimidad históricamente a través de los *valores* pragmáticos, racionales, morales y estéticos, que contribuyen a ampliar el conocimiento del mundo. Tal y como dice F. Beltrán,

(1991:24), «el discurso ideológico de lo escolar se afirma sobre determinados supuestos básicos, de los cuales el dominante es el valor universal de la ciencia». Las ideas dominantes en la cultura presuponen que alcanzan la idea seleccionada por aquel eje «verdadero-falso».

El grado de racionalidad del conocimiento no formal de una sociedad se mide por la experiencia de una clase social, ya que cada clase tiene una cantidad diferente de experiencias propias, transmitidas y desarrolladas en relación con las otras clases de la sociedad y con la vida social en general. Es la experiencia de las personas la que les convierte en sujetos que experimentan las situaciones productivas, las relaciones y las interacciones dadas y es aquí donde se encuentran tanto las necesidades como los intereses y donde se reelaboran después las experiencias dentro de las coordenadas de su *conciencia* y de su *cultura*. El conocimiento no formal se constituye a partir de las experiencias tanto las que hacen referencia a las interacciones sociales como a aquellas que proceden de las informaciones y modelos de pensar que recibimos y transmitimos. Es un conocimiento socialmente compartido y en continua elaboración y reelaboración. Mediante su comprensión se intenta responder al universo de la vida.

La producción de conocimientos no formales se diferencia de los formales, los propiamente académicos, en que éstos están sometidos a investigación con procedimientos y controles elaborados y específicos de cada disciplina que garantizan una producción. Las experiencias de los seres sociales forman un conjunto unitario de comportamientos en los que cada aspecto se relaciona e interacciona de determinadas maneras con los otros. En la medida en que las acciones, relaciones e interacciones, inmersas en las experiencias, dan origen a cambios se produce un proceso de producción de conocimientos no formales. Los conocimientos no formales nos permiten saber quiénes somos, por qué estamos aquí, qué posibilidades humanas se han desarrollado, así como conocer la lógica y las formas del proceso social. Los conocimientos formales, por el contrario, provienen de las disciplinas académicas y posibilitan contestar a las cuestiones no sólo como producción de conocimientos científicos sino, también, como producción de conocimientos no formales que subyacen a los problemas cotidianos de los seres humanos. Pero esta producción de conocimientos choca con un problema fundamental: «(…) la realidad virtual que crea la TV y otros medios masivos de comunicación, y en su forma «bancaria» de impartir qué es lo real y qué no. La educación y hasta la solidaridad se basan más en lo que sale por TV que, por ejemplo, en los problemas concretos y reales de nuestros vecinos»

(Villasante, 1997:249). Esta cuestión es, en cierta medida, coincidente con otras expresadas con anterioridad y con la de Freire (1997:25) al exponer que «el avance tecnológico propicia con enorme eficacia el soporte ideológico al poder material».

El conocimiento que se desarrolla socialmente es un acto de construcción, el cual elabora también unos esquemas de pensamiento y de producción. Estos esquemas están constituidos e incorporados en la historia colectiva y asumidos y adquiridos en la práctica. Los conocimientos no formales de las personas son estructuras cognitivas que se elaboran en las actividades prácticas e incluyen las estructuras sociales y los productos de la división en clases sociales. Estas divisiones se convierten en conjuntos de principios o códigos que organizan las diferentes visiones sobre el mundo. Las primeras experiencias del mundo social están dirigidas a la adaptación de esta organización y, en concreto, al orden. Éste es un acto de construcción de conocimiento no formal que hace intervenir principios de construcción exteriores para que puedan ser aceptados tanto el mundo real como el pensado, rechazando lo que se le niega y contentándose con lo que se le da.

5. Proceso de producción académica de conocimientos

En el proceso de producción académica, los objetivos curriculares proceden de los conocimientos no formales que subyacen en las prácticas de la vida cotidiana y en las que la *vita activa*, o forma de producción social, es la fundamentación para construir un currículum o conocimientos formales que determinan el formato y los elementos curriculares. La construcción del currículum mediante el proceso de producción académica constituye la tarea educativa de aplicación: de los principios sociales y educativos de formalización curricular y de reglas y recursos de la estructura curricular que se incluyen en el formato curricular (apartados que forman parte del discurso pedagógico de la EA). Todo este proceso es el que aporta especificidad al currículum de la EA. No hablamos de «currículum específico» puesto que resulta que en el sistema educativo existen diferentes niveles educativos, primer ciclo de primaria, segundo ciclo de secundaria… y todos ellos tienen un «currículum específico»; pero, además, si consideramos los ámbitos educativos, infantil, secundaria, bachiller… también se puede decir que tienen unos «curricula específicos», en cuanto se refieren a conocimientos académicos. La especificidad del currículum si bien ha de considerar aquellos conocimientos académicos procedentes de la prescriptividad administrativa, trata fundamentalmente de la naturaleza constitutiva del currículum.

Como sujetos sociales estamos inmersos en dos tipos de procesos: de reproducción y de producción (caracterizados anteriormente), que forman parte de las actividades de la vida cotidiana. La producción es una guía para los rasgos básicos de la esencia humana en la cual el particular se convierte en sujeto consciente de su vida cotidiana, admitiendo que la particularidad (reproducción) siempre está en los actos del propio sujeto. El objetivarse o ir hacia los intereses objetivos está en relación con el proceso de producción y con la heterogeneidad de los conocimientos no formales. A través del currículum tratamos de filtrar aquellos conocimientos no formales que son necesarios para la objetivación. En este sentido, la función social de la EA es facilitar la utilización de las habilidades cognitivas que como personas adultas tenemos a la hora de enfrentarnos a la objetivación. En otras palabras, esa función está en relación con la *valoración* y *significatividad* de los conocimientos no formales que se considera, desde una perspectiva social, como necesarios para hacer frente a los objetivaciones con las cuales se desarrollan las personas. El currículum de la EA trataría de aportar principios o códigos para solucionar el problema de la representación de los conocimientos no formales y ofrecer nuevas posibilidades a la conciencia de las personas en relación con el doble proceso de producción (social y académica) en el cual se encuentran envueltas.

Las actividades cotidianas que realizan las personas adultas se basan en ejercicios de operaciones intelectuales, más o menos manifiestas, las cuales suponen unos conocimientos que guían la acción y el pensamiento. Se forman estructuras cognitivas que se encargan de la organización de aquellos conocimientos. Aquellas actividades y las diferentes experiencias que subyacen en ellas se enmarcan en un proceso de comunicación o interacción entre personas que tratan de vivir y de convivir, así como en una relación en que los conocimientos no formales intentan resolver los problemas que se tienen en la práctica social. En definitiva, son necesarios unos principios de formalización para el currículum que estén en relación con los códigos curriculares existentes en cada época. En otras palabras, podemos decir que los curricula formalizan unos conocimientos que en cada época histórica, y de acuerdo con las instancias que los determinan, intentan resolver las disyuntivas planteadas, desde una u otra ideología, respondiendo a unas interpretaciones de la realidad y a una codificación simbólica como mediadora de la comunicación (proceso de reproducción) con los diferentes agentes, en forma directa (oral) o indirecta (por escrito). El currículum de la EA recoge, de forma simbólica, las situaciones presentes, potenciales, del sujeto social, permitiéndole adquirir las informaciones empíricas que, a través de la actividad cognitiva y de la relacionalidad social, posibilitan una construcción o reconstrucción de los conocimientos.

Los conocimientos no formales están en relación con las actitudes, estrategias, habilidades, procedimientos, mecanismos... que utilizan los sujetos en relación con la genericidad y el desarrollo de la personalidad. El contenido que se desprende del conocimiento no formal lo conforman todos aquellos conocimientos que utilizamos como guía efectiva de las acciones. El «saber qué» y al «saber cómo» del conocimiento no formal son un mismo proceso que depende el uno del otro, de tal forma que «el saber qué» es una preparación para el «saber cómo» y al contrario. De acuerdo con esta perspectiva podemos considerar el conocimiento no formal como una categoría *objetiva* y *normativa*. Objetiva en tanto que el saber cotidiano de una época y de una clase social es relativamente independiente de aquel saber que posee un solo sujeto, y normativa en tanto que la totalidad de la clase social ha de apropiarse de este saber cotidiano. Estas categorías pueden extrapolarse al currículum de la EA, ya que desde el punto de vista de la *categoría objetiva* realiza una selección de conocimientos de la época histórica y de la clase social a la cual se dirige el proceso educativo y, desde la *categoría normativa*, los conocimientos han de ser enseñados y aprendidos. Recordemos que no siempre, como tampoco en la misma intensidad, extensión, contexto, épocas históricas, ni tampoco en las mismas clases sociales, la lectura y la escritura han tenido la misma significatividad, y ha sido en los últimos siglos cuando se han convertido en conocimientos necesarios y «obligatorios». Otro ejemplo podría referirse a los conocimientos de una persona que vive y que desarrolla su trabajo en el campo (mundo rural), ya que no tendrá los mismos intereses (significación), y en consecuencia las mismas necesidades, que una que viva en la ciudad (mundo urbano). Hay también conocimientos que con la evolución de las sociedades no sólo no son necesarios, sino que van desapareciendo poco a poco (por ejemplo hacer el pan, ciertas actividades de cocina...) igual que otros aparecen (aparatos eléctricos, ordenadores, vídeos...) y hacen que incluso el currículum adquiera unos principios o «códigos curriculares» distintos (por ejemplo el urbanocentrismo (F. Beltrán, 1996:58) como elemento ideológico que tiene consecuencias en el currículum).

Para sustentar los principios de formalización curricular de la EA hemos de asentarlos en las actividades sociales donde se extraen las habilidades, conceptos, actitudes, procedimientos... en definitiva, los conocimientos no formales. La distinción que hace Platón (1993) entre *doxa* y *episteme* nos puede ayudar a comprender el paso de un conocimiento no formal, inseparable de la acción práctica *(doxa)* a un saber que pone en relación una cosa con un conjunto de cosas de acuerdo con una actitud teorética *(episteme)*. El *doxa* es un saber en el cual las cogniciones y exigencias dadas por el conocimiento del mundo y normas cotidianas son evidentes (el sol sale, los objetos caen, las personas mueren...). Pero cuando estos conocimientos y normas son sometidos a *discusión* tenemos la semilla de un saber distinto *(episteme)*. El currículum recoge el *doxa* y lo transforma en unos conocimientos formales a través de unos criterios también formales y de acuerdo con unos instancias que lo determinan. Estas formas están relacionadas directamente con la ideología y pueden encaminarse hacia dos tipos de *objetivación*, una que sería la del «*particular*» y que es una objetivación «en ella misma», en la cual se intentan satisfacer las puras necesidades «individuales». Mediante el conocimiento no formal se constituye el fundamento de las objetivaciones «*genéricas*» superiores o del «para-sí», «para-nosotros», es decir, poniendo en discusión el *doxa* llegamos a la emancipación de la personalidad del sujeto como persona. Esta objetivación:

1. Es un proceso dialéctico de producción que no tiene carácter obligatorio, es decir, pueden existir sociedades cuyos miembros son personas con los rasgos de la particularidad.
2. Existe cuando hay una intencionalidad dirigida hacia él y es consciente o autoconsciente de la acción y de la reflexión.
3. No se basa en uno mismo, sino en «el otro».

El conocimiento formal de la EA ha de constituirse a partir de lo que implica la objetivación del «para-sí», del conocimiento no formal, del conocimiento socialmente elaborado y compartido, y por tanto no reificado. El conocimiento formal, como construcción social, es un *currículum constituido*, en el sentido de que es un producto de las representaciones sociales, de las construcciones realizadas desde las diferentes disciplinas o ámbitos académicos. Interviene en la vida social como una estructura que interpreta la sociedad. Estas producciones y construcciones de conocimientos reproducen las propias condiciones y los propios rasgos de la sociedad en las cuales se ha formado. Son un producto sociocultural históricamente mediado. Como producto también interviene en la propia sociedad como una parte de su estructura subyacente a través de su determinada comprensión. Pero además, el conocimiento formal es un *currículum constituyente*, ya que a través de su intervención mantiene una potencialidad y unas posibilidades de *transformación*, mediante la praxis, en la elaboración de las representaciones sociales y, en definitiva, en el mundo cotidiano de las personas adultas.

El currículum como una representación social contribuye a configurarla, y como parte de esta representación produce unos efectos específicos. Desde esta perspectiva, las representaciones sociales contribuyen a construir el objeto (currículum) del cual son también una representación. Estas relaciones pueden representarse en el siguiente gráfico:

Figura 5

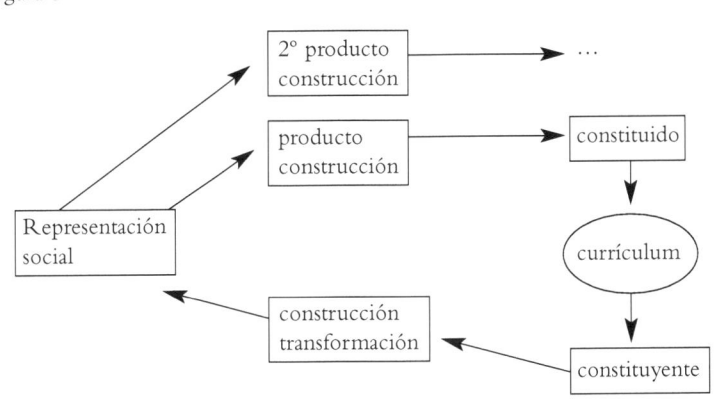

Nuestra propuesta de *currículum* pasa por considerarlo básicamente como *constituyente* en el sentido de hacer intervenir a los agentes educativos en la toma de decisiones de corresponsabilidad y de autogestión. La construcción y transformación del currículum constituido, del sistema de conocimientos institucional, se enmarca en una estructura social de intercambios dentro y fuera de los marcos institucionales de la escuela. Se exigen otros tipos de relaciones en la enseñanza, diferentes de los tradicionales escolares, en los que tanto el enseñante como el enseñado dan respuesta al currículum constituido. Seguir esta perspectiva resulta obligado para la solución de los problemas cotidianos de la vida personal y colectiva.

La enorme diversidad de conocimientos no formales (técnicos, organizativos, económicos, procedimentales, actitudinales...) que se utilizan en los contextos de la vida cotidiana y los continuos cambios en las formas de producción (incluyendo la forma de producción inactiva) hacen que cada vez más los intereses mantengan relación con los conocimientos formales de la enseñanza de la EA, lo que provoca, en principio, dos *dilemas prácticos* en el currículum de la EA:

1. ¿Cómo hacer que los conocimientos no formales de la vida cotidiana se transformen en conocimientos formales institucionalmente reconocidos?
2. Como consecuencia directa del anterior, ¿cómo hacer que estos conocimientos formales vuelvan a la propia actividad de las personas?

Estos dilemas se encuentran dentro de la perspectiva que sitúa la EA como un campo de práctica (Usher y Bryant, 1992) y, además, mantienen una relación consecuente con los principios que la configuran. Pero, ¿cuáles son los conocimientos no formales de la vida cotidiana a partir de los cuales construir los conocimientos formales? Una aproximación a esta pregunta nos la proporciona Malglaive (1991:85) cuando dice que «(...) si el saber es un saber para el pensamiento, se convierte en un saber hacer para la acción». Los conocimientos están en función de la práctica, de la actividad y de la acción humana, y en relación con la intencionalidad de transformar la realidad personal y social. En este sentido uniríamos estos conocimientos a la cuestión de la conciencia. Tal y como ya hemos expuesto, la conciencia es la toma de posicionamiento racional, tanto individual como colectiva, frente a un hecho, acción o problema. Toma de posicionamiento que consiste en una comprensión e interpretación sobre aquello a lo que nos enfrentamos, pero también una acción o intervención sobre el problema. Así, la esencia de las personas procede de la actividad social y es a partir de la cual, y como seres sociales, cuando se forma la conciencia del sujeto que, como consecuencia de las necesidades creadas socialmente y plasmadas culturalmente, afectan al currículum de la EA y a su construcción a través del trabajo colectivo que subyace en sus términos. La construcción o formación de la conciencia puede ser afectada por la *participación en procesos como el de la de producción académica* de conocimientos, ya que implican a las personas adultas en una actividad intelectual conjunta de reflexión y deliberación de las propias vidas.

Planteamos una praxis curricular de la EA distinta de la normatividad prescriptiva en la que se desarrollan implícitamente elementos que afecten a la conciencia a través de *necesidades falsas* y en forma de contenidos de conocimientos no cuestionados. Praxis curricular que significa tanto reconstrucción como construcción de las circunstancias históricas y contextuales para que la herramienta de la conciencia resuelva las dicotomías dialécticas del pensamiento humano: entre la realidad subjetiva y la realidad objetiva, que es donde se constituye el conocimiento no formal. Se trataría de que esta práctica cuestionara los intereses subjetivos o necesidades que se supone están en consonancia con los principios de la conciencia.

La praxis curricular procura un doble mecanismo (uno de salida) que se construye desde el contexto sociocultural y por otra parte (de vuelta) que afecta y a la vez transforma las condiciones del contexto. La praxis, al igual que el currículum, es un «mundo construido, no natural» (Grundy, 1991); es la acción frente a la abnegación, subyugación y resignación de considerar naturales tanto los conocimientos como las reglas de su selección y distribución. Praxis que trata el currículum como una construcción social en la cual la significación de los conocimientos no formales le aportan la materia prima. Por otra parte, la valoración de estos conocimientos no formales determina la naturaleza política del currículum. Será, pues, mediante el concepto clave de praxis que afectaremos y trascenderemos no sólo la conciencia, sino también la propia acción del trabajo colectivo, las propias relaciones, interacciones y comunicaciones en un proceso bidireccional entre el de producción social y el académico. Praxis que alude tanto a la acción como a la conciencia respecto del papel que esta acción juega en la transformación de la realidad. La acción colectiva reflexiva para la construcción del currículum de la EA es imprescindible, ya que cambia la dinámica autárquica de la administración y posibilita un cambio democrático de participación en la construcción y en el desarrollo del currículum; se favorece pues una concepción de persona adulta que no trata con subsidiariedad unas personas respecto de otras, tanto por lo que respecta a los conocimientos no formales previos, a la «inteligencia» y a la procedencia, como al contexto.

5.1. Principios sociales y educativos de formalización curricular

Para establecer unos principios de formalización no nos basaremos ni en los conocimientos ya existentes por parte de las personas adultas ni en sus intereses subjetivos, sino en el análisis de cómo se desarrolla la vida cotidiana en los contextos habituales: en las familias, en los lugares de trabajo, en las comunidades. Consideramos las actividades, y las relaciones en los contextos, como conocimientos no formalizados que suponen e inducen a la construcción social del conocimiento y que son susceptibles de transformación, mediante el currículum, en conocimientos formales o académicos.

La aplicación de los principios es todo un proceso de praxis dialéctica en el que el discurso sobre la *vita activa* está conducido por la toma de conciencia. Decidir sobre las condiciones reales es un primer paso para comprenderlas y para entender los propios principios de formalización curricular. Es todo un problema ideológico en tanto que se pasa del mundo real (vida) al mundo de las representaciones (lenguajes), de un discurso real a un discurso imaginario. Existe una opinión generalizada en separar las cogniciones científicas de la ideología. De aquí que el ideal del procedimiento científico es no partir de suposiciones apriorísticas, la objetividad es opuesta a la ideología y trata a ésta como «falsa conciencia». La importancia de los lenguajes como constructores de los discursos, y especialmente de las representaciones, es también importante para la particularidad específica y diferenciadora de las personas, ya que es tanto *percepción* de aquello que se expresa como *transformación* en decisiones que guían la actividad.

Proponemos los siguientes principios de formalización curricular de la EA:

Figura 6

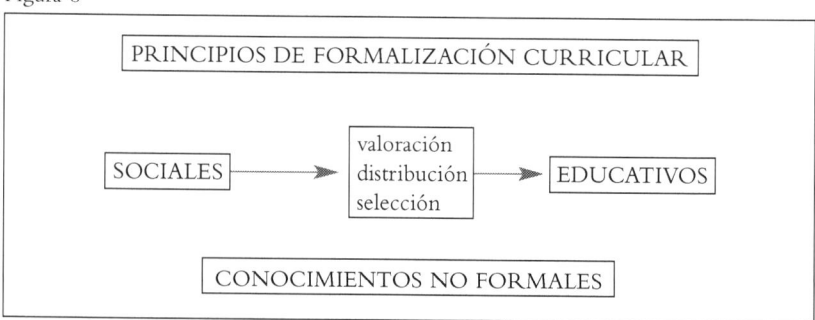

```
       PRINCIPIOS DE FORMALIZACIÓN CURRICULAR

                      valoración
      SOCIALES  →    distribución   →   EDUCATIVOS
                      selección

            CONOCIMIENTOS NO FORMALES
```

1. La *valoración* es lo que confiere a los fenómenos sociales y a las acciones humanas una *significación* determinada. Está en relación con las necesidades humanas que definen lo que constituye un bien y aquello que tiene valor para las personas.

La valoración de los conocimientos procedentes de las *redes sociales,* considerando éstas como relaciones desarrolladas en respuesta a situaciones socioeconómicas, suponen un reto para las personas y las comunidades. Con la intención de ejemplificar y considerando que unos y otros están en relación, se encuentran:

- Mercado laboral: salarios o nóminas, contratos, legislación, sindicalismo, enfermedades, mutualismo, jubilación, viudedad, conflictos...
- Atención a las niñas y niños.
- Oficios «populares»: arreglos de fontanería, electricidad, carpintería, confección de ropa, cocina, medicina popular, construcción, cultivos, reparaciones de automóviles o de aparatos electrodomésticos...

Estas prácticas socioculturales, y las relaciones de intercambio recíproco, suponen para las personas una *significación o un interés subjetivo* que en contextos y situaciones históricas diferentes implican una *valoración* distinta. Esta valoración nos proporciona la guía tanto para la *selección* como para la *distribución*; aunque tanto la valoración como la selección son dos principios íntimamente relacionados pues se determinan a través de la *distribución*. Cuando mantenemos un elevado nivel de valoración sobre un conocimiento, directamente lo estamos seleccionando y, al contrario, cuando seleccionamos estamos ofreciendo una estructura de conocimiento basada en la valoración de las relaciones.

2. *Distribución de* las *pautas culturales* que *explican las formas específicas de transmisión*. Las personas adultas son tanto enseñantes como enseñados de pautas de conocimientos o saberes en contextos y situaciones distintas. Tratamos de responder a la pregunta: ¿cómo se *construyen y se transmiten* socialmente esos «saberes o conocimientos» (pautas culturales) en los contextos familiares y/o comunitarios? Para ello hay que partir de los otros dos principios: el de valoración y el de selección, bajo los que subyace el concepto de «poder». La distribución está relacionada tanto con el concepto de conocimiento como con el de poder. La vida cotidiana o social donde aparecen y se desarrollan los conocimientos constituye el vínculo entre el poder y la distribución, que se manifiesta mediante las *ordenes normativas (selección y valoración)*. En el curso de la actividad que los sujetos desarrollan en la vida social se producen conflictos y competen-

cias para poder alcanzar los intereses y finalidades planteadas, lo que provoca una conciencia reflexiva, que busca mecanismos para establecer unos planes y proyectos con los que luchar. En la medida en que la distribución de las pautas culturales y las formas específicas de transmisión se democraticen implicarán cambios en las propias pautas y en sus formas.

3. *Selección* de pautas a partir de las cuales se estructuran los conocimientos no formales. Los intereses colectivos son el factor de selección histórica de los conocimientos y, además, la *racionalización* y *adecuación* histórica son instrumentos fundamentales de esa selección. La clasificación de las experiencias de las personas permite tanto la selección de los conocimientos como las normas del pensamiento y de la acción práctica; es decir, establecen las razones por las cuales es necesario escogerlos y también las razones opuestas por las cuales es necesario rechazarlos. Se trataría de pasar de unas pautas culturales dominantes en el medio escolar (escolarismo) a aquellas otras que conforman la *situación y el contexto de los sujetos,* las formas en que éstos estructuran y definen las relaciones que mantienen los unos con los otros en las redes sociales: sistemas de parentesco, interés por las cuestiones pequeñas, intensidad de las relaciones, participación, preocupación por temas que les afectan muy directamente...

No postulamos pues la necesidad de imponer las relaciones sociales de producción capitalistas a las académicas, todo lo contrario, los ajustes de esas relaciones han provocado un isomorfismo entre ellas que es necesario transformar. La selección hace que los agentes educativos se impliquen en la participación para la búsqueda de *nuevas pautas* que estén de acuerdo con los presupuestos anteriores, a lo que añadiríamos, como reafirmación, lo expuesto por Gimeno (1992: 174): «(...) la justificación del currículum no puede quedarse en criterios de representatividad de lo seleccionado respecto de la cultura académica, sino apoyarse, muy fundamentalmente, en otros de carácter social y moral, dado que lo que se busca con su implantación es un modelo de hombre y de ciudadano».

La aplicación del conjunto de los tres principios determina la conciencia y en consecuencia los *intereses objetivos* (como dice Freire (1989), la «lectura de la realidad»), que no se basa tanto en las características psicológicas de las personas adultas (edad biológica) como en el *valor de uso* de los conocimientos no formales. Dicho de otra manera, los intereses objetivos son el resultado de la objetivación o materialización de los principios de formalización curricular. El valor de uso es una categoría procedente del análisis económico, que implica poner en cuestión la capacidad del «mercado» para satisfacer las necesidades de los sujetos y su forma de hacerlo. En este caso utilizaremos esta categoría como la matriz de análisis educativo que procede de los principios expuestos.

5.2. Formato curricular

El hilo conductor del proceso de producción académica es una *tarea* de participación conjunta entre los agentes educativos que, partiendo de los conocimientos no formales y aplicando los principios sociales y educativos de formalización curricular («un primer filtro»), pasa a la consideración de los formatos curriculares (currículum planificado y en acción) para llegar, mediante un proceso discursivo (Ibañez, 1992, 1993; García Ferrando *et al.*, 1993) al conocimiento formalizado o académico, el cual afecta directamente los propios conocimientos no formales.

Los principios de formalización, que se sustentan en los conocimientos no formalizados del proceso de producción social, se desarrollan en un *proceso de producción de conocimientos académicos*, que supone la participación de las personas adultas en:

1. la corresponsabilidad en las aportaciones sobre los principios anteriores,
2. los procesos de transformación individuales y sociales y
3. el conjunto de reglas y de recursos de la estructura curricular:
    a) El *currículum planificado*: criterios *teórico-académicos* y de política curricular.
    b) El *currículum en acción*: criterios *metodológicos-prácticos* y de la acción curricular.

a) Curriculum planificado o prescrito
El currículum planificado o prescrito es la materialización de las directrices, disposiciones (instrucciones, resoluciones, órdenes, decretos, leyes), normas y criterios de la política curricular. Su objetivo es mediar entre la práctica curricular, la cual pretende dirigir, y los principios y las metas políticas a las cuales se dirige. Es necesario distinguir entre política educativa y política curricular; mientras que la educativa es una orientación general de la política del Estado o Administración de la Comunidad Autónoma con competencias que afecta a su territorio, la curricular orienta y dirige tanto las formas como los contenidos curriculares, y depende de aquélla aunque se identifiquen entre ellas. Como dice F. Beltrán,

(1991:35), «la política curricular (...) nombra tanto el espacio de las prácticas escolares como el de las directrices emanadas de las diferentes instancias de poder; poder no sólo político, económico o administrativo, sino también el derivado del ejercicio de la contestación a éstos, incorporando, por tanto, los intentos contrahegemónicos de otros sectores de la sociedad civil.» Pero, ¿a qué cuestiones trataría de dar respuestas el currículum planificado o prescrito? A aquéllas propias de la política curricular y que Gimeno (1991:131) nombra en los siguientes aspectos:

«*a*) Las *formas* de regular o imponer un determinado reparto del conocimiento dentro del sistema educativo.
b) *Estructura de decisiones* centralizadas o descentralizadas en la regulación y el control del currículum (...)
c) *Aspectos* sobre los que incide ese control: vigilancia en orden a determinar el cumplimiento de los objetivos y aprendizajes considerados mínimos, ordenamiento del proceso pedagógico o intervención a través de los medios didácticos.
d) *Mecanismos* explícitos u ocultos por los que se ejerce el control sobre la práctica y la evaluación de la calidad del sistema educativo (...)
e) Las políticas de *innovación del currículum*, asistencia a los centros y de perfeccionamiento de los profesores como estrategias para mejorar la calidad de la enseñanza (...).»

Como ya enunciamos al principio de este capítulo, el contexto histórico, económico y cultural determina el currículum, de tal manera que estos aspectos resultan una explicitación ideológica de la política educativa. Así, mediante los aspectos del currículum prescrito, se establece todo el campo de relaciones educativas, de la estructura, selección y distribución de conocimientos, de la diferente acreditación social, de la organización y práctica educativa de los Centros y de la distribución del profesorado. En resumen, el currículum prescrito resulta ser el mecanismo administrativo básico de control y ordenación de la política educativa y producto de una política y ordenación social y económica. En este sentido, la obra gramsciana resulta ejemplificadora para ver las relaciones entre política y economía (Gramsci, 1985). Por nuestra parte sería un falseamiento de la realidad no considerar el currículum prescrito dentro del marco global de la estructura del currículum de la EA, ya que atenderlo es una «obligación» administrativa. La inexistencia de una política educativa, y en concreto curricular, conduce, tal y como vimos en el capítulo cuarto, a amenazas y ausencias del discurso pedagógico y, en consecuencia, a un nihilismo pedagógico. Sin embargo, es el grado de flexibilidad del marco prescriptivo el que permitirá otras prácticas reproductivas o transformadoras de las prácticas educativas. Ahora bien, las tradiciones e historias de las políticas curriculares es necesario tenerlas presentes, ya que las relativas y novedosas competencias de las administraciones están marcando los márgenes de actuación de los agentes educativos en la participación democrática de regulación y de intervención curricular. Cualquier apariencia de neutralidad curricular «enmascara el deseo de dominio que las personas que manejan el conocimiento pretenden encubrir» (Santos Guerra, 1994:113). En la medida que la prescripción curricular aporte márgenes de «juego» más amplios a las agencias y a los agentes educativos, permitirá crear nuevas posibilidades de comunicación y de tradiciones en la mejora del proceso de enseñanza y aprendizaje. El proceso de construcción social del currículum, que proponemos, se insertaría en un proyecto de deliberación pública sobre la articulación de intenciones y significados comunes.

b) Curriculum en acción
El currículum en acción es la explicitación de los criterios que afectan a la acción curricular, es decir, la propia práctica escolar del Centro y de la clase y todas aquellas actividades que ocurren en la vida académica en un espacio y en un tiempo escolares.

Si a través del currículum prescrito se entra en el debate de las finalidades y objetivos educativos, en el currículum en acción nos introducimos en un discurso didáctico de desvelamiento de las prácticas educativas de aquellas políticas curriculares. A través de este «segundo filtro» intentamos responder a aquello que denomina Salinas (1995:57) «la reconstrucción del discurso didáctico» en el cual es necesario tener presente que «puede ser el problema es que utilizamos modelos teóricos para pensar y teorizar la transformación de la enseñanza, pero faltan modelos de acción estratégicos para (...) aproximarnos a aquellos modelos de transformación». El apartado de currículum en acción, aunque no refleje la totalidad y las dimensiones de la acción curricular, se expresa en una parte del documento administrativo, la Programación General Anual y concretamente en el apartado que hace referencia a la *Programación didáctica:* objetivos, organización y programaciones de los ciclos, niveles y áreas, las metodologías, la evaluación...

Todo este *proceso de producción académica nos proporciona la clave de la especificidad curricular de la EA* o, en otras palabras, el currículum de la EA, su especificidad o naturaleza constitutiva, responde dialécticamente a la función externa (educación-sociedad) de la producción social y a la función interna (teoría-práctica) de la producción académica. El currículum como un «filtro» es una construcción social de deliberación pública (discursiva) que pasa de los conocimientos no formales a los principios de formalización y al formato curricular, hasta llegar finalmente a los conocimientos formalizados o académicos. Esta construcción social del currículum es un proceso de objetivación o forma práctica de hacer consciente el pensamiento humano, en el sentido que la persona deviene «exterior» y en la que sus capacidades, aptitudes, personalidad... y en definitiva sus posibilidades humanas «exteriorizadas» comienzan a vivir una vida propia. En otras palabras, los *intereses subjetivos* se transforman en *intereses objetivos*. En el siguiente cuadro se resume la argumentación expuesta:

Figura 7

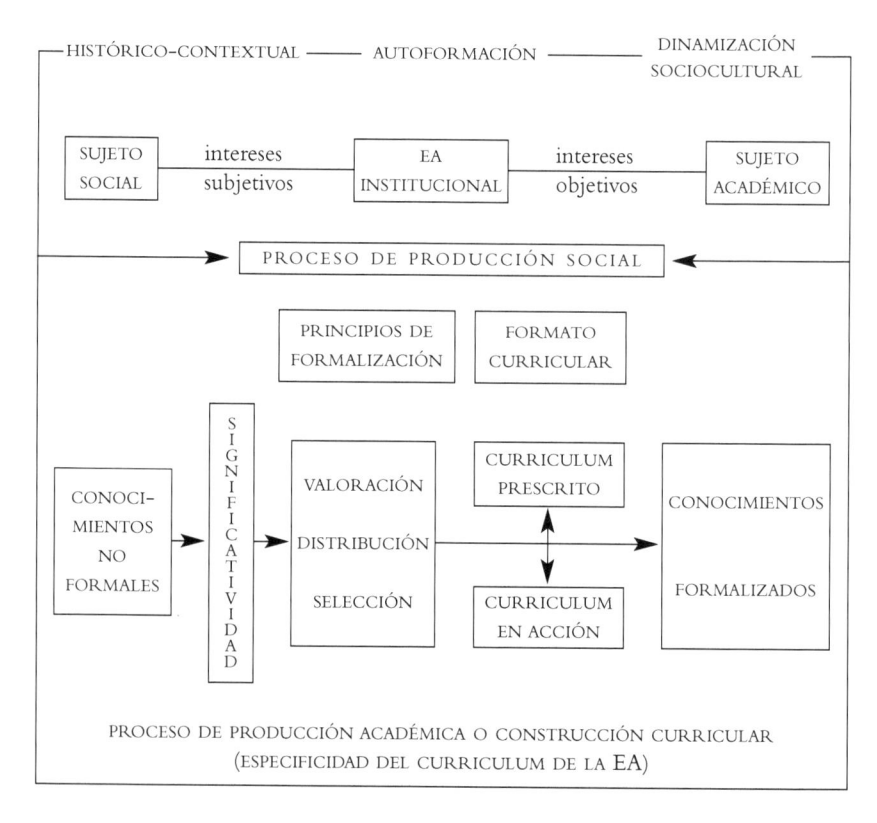

```
┌─HISTÓRICO-CONTEXTUAL ──── AUTOFORMACIÓN ──── DINAMIZACIÓN ─┐
│                                              SOCIOCULTURAL │
│                                                            │
│  ┌────────┐  intereses   ┌──────────┐  intereses  ┌────────┐│
│  │ SUJETO │              │    EA    │             │ SUJETO ││
│  │ SOCIAL │  subjetivos  │INSTITUC. │  objetivos  │ACADÉMICO││
│  └────────┘              └──────────┘             └────────┘│
│       └──────▶ PROCESO DE PRODUCCIÓN SOCIAL ◀──────┘       │
│                                                            │
│              ┌──────────────┐  ┌──────────┐                │
│              │ PRINCIPIOS DE│  │ FORMATO  │                │
│              │FORMALIZACIÓN │  │CURRICULAR│                │
│              └──────────────┘  └──────────┘                │
│              ┌─┐                                           │
│              │S│                                           │
│              │I│                                           │
│              │G│               ┌──────────┐                │
│              │N│ ┌──────────┐  │CURRICULUM│                │
│  ┌────────┐  │I│ │VALORACIÓN│  │ PRESCRITO│  ┌──────────┐  │
│  │CONOCI- │  │F│ └──────────┘  └──────────┘  │          │  │
│  │MIENTOS │─▶│I│ ┌──────────┐       ↕       │CONOCIM.  │  │
│  │  NO    │  │C│ │DISTRIBUC.│──────────────▶│FORMALIZA-│  │
│  │FORMALES│  │A│ └──────────┘  ┌──────────┐ │  DOS     │  │
│  └────────┘  │T│ ┌──────────┐  │CURRICULUM│ └──────────┘  │
│              │I│ │ SELECCIÓN│  │ EN ACCIÓN│               │
│              │V│ └──────────┘  └──────────┘               │
│              │I│                                           │
│              │D│                                           │
│              │A│                                           │
│              │D│                                           │
│              └─┘                                           │
│                                                            │
│     PROCESO DE PRODUCCIÓN ACADÉMICA O CONSTRUCCIÓN CURRICULAR│
│         (ESPECIFICIDAD DEL CURRICULUM DE LA EA)            │
└────────────────────────────────────────────────────────────┘
```

El paso entre intereses se puede comprender también mediante la relación dialéctica entre *doxa* (saber cotidiano), que haría referencia a los intereses subjetivos, y *episteme* (saber cotidiano sometido a discusión), dirigido a hacer de aquellos intereses la base de las necesidades y, en definitiva, de los intereses objetivos. En aquel proceso, y a partir de las actividades de la vida cotidiana, se construyen y se producen conocimientos no formales (dimensión exterior del currículum) que se introducen como representación en el texto o contenido de conocimiento formalizado (dimensión interior del currículum).

Al operar la EA en una economía de mercado, se puede convertir en una opción tentadora de incluirla en un «capitalismo de consumo» (J. Ibáñez, 1994) de oferta-demanda; de esta forma, la EA puede no responder a las necesidades sino a las demandas. Así, para Jarvis (1989:94) «mientras que la necesidad es la ideología de la EA, la demanda es la práctica. La educación liberal de adultos opera en una economía de mercado, respondiendo a la demanda». Esto tiene especial relevancia en los Centros de la EA donde, a veces, y de acuerdo con el título III de la LOGSE, se intenta dar «solución» o «respuestas» a una situación social práctica de demanda y no a la situación social de necesidad ideológica en la que la iniciativa de una política social democrática sea el planteamiento de la praxis social. En este sentido cabe recordar las palabras de Gimeno (1992:177) cuando expone que «(...) no son criterios «científicos» o técnicos los que juegan a la hora de determinar cuándo un contenido ha de ser recogido por los curricula. No está escrito en la naturaleza humana ni se deriva de su desarrollo qué aspectos han de cultivarse o qué competencias desarrollarán los hombres. La opción depende de otros criterios». El proceso de producción académica es un proceso negociador en el que se explicita tanto «la pugna sobre el contenido del currículum» como el «control sobre sus formas subyacentes» (Goodson, 1991:31).

Pero, ¿quién debería construir el currículum de EA? En nuestra propuesta sobre del proceso de producción académica queda implícita la respuesta, ya que son los propios agentes educativos o participantes en la educación los que a través de la deliberación pública construyen el currículum; en este sentido podemos hablar también de especificidad del currículum y de currículum democrático. Especificidad en el sentido de que la construcción de los otros curricula del sistema educativo no siguen la misma dinámica: las instancias de determinación hacen de la construcción una cuestión de poder y de control, lo que no quita para que esas mismas instancias no induzcan a una construcción curricular de la EA, para mantener su poder y control. Es por eso que les resulta más fácil hacer *adaptaciones curriculares* que *pensar* en *otros criterios* que no sean las pautas tradicionales por áreas de conocimientos o *cambios mínimos* en el posmoderno término «diseño», que se asemeja más a un lenguaje y discurso publicista de ventas que a un planteamiento educativo. Frente a los agentes del «Plan X» (Williams, 1984), que calculan las ventajas corporativistas basadas en la competencia y en las lealtades y que plantean estrategias intrínsecamente conspiradoras, se hace necesario una forma de pensar el futuro y de planificar políticas que sean «más» racionales y estén «mejor» informadas, las cuales indicarían una preocupación por el bienestar común y por el interés colectivo. Democrático en el sentido de que la *participación* en el proceso de producción de conocimientos crea la dinámica encaminada a la «concienciación» (Freire: 1990), y en la cual las personas adultas, como sujetos de conocimientos, adquieren conciencia de la realidad sociocultural, ya que, como seres sociales, tienen la suficiente madurez para tomar un papel activo en el planteamiento y en la elaboración del currículum, tanto desde la vertiente de la estrategia organizativa como desde el proceso de enseñanza y aprendizaje. Desde este punto de vista es posible romper la paradoja de «Eutidemo»: lo que ya sabes no tienes necesidad de aprenderlo; lo que no sabes no puedes aprenderlo porque *no sabes* qué es lo que hay que aprender.

CAPÍTULO OCTAVO

Especificidad del currículum de la EA y la reconstrucción de la democracia

La EA, mediante el currículum, puede legitimar la *arbitrariedad social* o en palabras de Flecha (1990), la «desnivelación cultural», teoría que el autor define, en la misma línea argumentativa que Bourdieu (1989, 1991), de la siguiente manera: «el crecimiento educativo basado en la prolongación de la escolaridad genera, en una sociedad desigual, un aumento de las deficiencias de educación básica» (pág. 106). Además, añadimos que este aumento es consustancial a la evolución histórica de la sociedad capitalista que, al no poder resolver las contradicciones y evoluciones del «mercado» (valor de cambio educativo), aboca al sistema educativo a una prolongación de la escolaridad como solución de ellas.

La *política democrática*, basada en los principios de *identificación* del concepto democracia con el de libertad económica y con la reducción de los derechos de las personas al de la defensa de la propiedad privada, está marcando el nivel normativo (Dubiel, 1993) de la convivencia social. Como modelo, el sistema capitalista, se ha mostrado ineficaz, además de destructivo, para la habitabilidad del conjunto de la población mundial, a pesar del maquillaje de las organizaciones institucionales (gubernamentales o no). Pero además, aquella identificación de democracia con libertad económica ha llevado a interpretar la democracia como un sistema de gestión política, en lugar de entenderla como un proyecto y práctica de la vida moral y social. Es así como la práctica opuesta, la *democracia política*, sería una forma de política cultural que transformaría por principio aquellas identificaciones, y por contra se propugnen espacios de aproximaciones entre las esferas estatales y sociales, la creación de unos derechos de ciudadanía, la defensa de los intereses de supervivencia económica, la participación política, la reorientación de las instituciones en la comunicación y, en definitiva, un proceso emancipador de la modernidad. La democracia política comprende la *polity* (dimensión política de la sociedad), la cual debe invadir las «significaciones imaginarias sociales» (ver capítulo cuarto) a través de la participación política en la comunidad ciudadana. Estas significaciones crearán el espacio público donde se mantiene unida e integrada la sociedad; en otras palabras, proporcionarán el contexto social para desarrollar la educación como forma de discurso democrático. Las características de la ciudadanía, extraídas por Dahrendorf (1990) de la *Oración fúnebre de Pericles*, serían: «igualdad de participación, igualdad delante de la ley, igualdad de oportunidades y un suelo común de estatus social» (pág. 54). Ahora bien, el espacio público no es una cuestión jurídica de simples derechos de ciudadanía sino que sus rasgos: el «coraje», la «responsabilidad» y la «vergüenza» (Castoriadis, 1994) determinan nuestra actividad, ya que en democracia podemos hacer cualquier cosa, pero hemos de saber que no debe hacerse cualquier cosa.

Una concepción democrática de unidad de la población no significa no ver la complejidad, ni la realidad de la división social, las contradicciones, la pluralidad; aunque postulemos un terreno común, de aceptación y de conjugación en las reglas del juego democrático: de posibilidad de discusión y de tolerancia en el discurso. La justificación de una sociedad democrática implica que ninguna persona tiene la garantía de poseer la verdad y, en consecuencia, se ha de permitir la discusión y el disenso. Es pues una demanda de más y mejor democracia, de búsqueda imaginativa de soluciones y estrategias como la expuesta por Keane (1997:77):

> «A la disputa sobre *dónde* pueden votar los ciudadanos debería dársele tanta prioridad como a las disputas del siglo XIX y de principios del XX sobre *quién* votar. Estrategias como la de una renta garantizada para los ciudadanos e intentos de utilizar el aumento de impuestos sobre los beneficios de las grandes compañías para crear fondos de inversión (…) podría incrementar el nivel de inversiones *socialmente* controladas y romper el monopolio del mercado del trabajo sobre la vida de los ciudadanos, animando el crecimiento de una «economía paralela» de unidades productivas y de prestación de servicios autogestionados y ecológicamente sostenibles (…) Finalmente, es necesario desarrollar un nuevo modelo de medios de comunicación públicos capaz de sacar a la luz el poder invisible, que dé publicidad a los riesgos y permita la formación de una comunidad genuina de vidas, gustos y opiniones.»

Para desarrollar la práctica democrática encaminada a la creación de una ciudadanía y a la participación en las reglas del juego democrático proponemos una búsqueda de la *política* y del *espacio público* (Arendt, 1989, 1993). Resulta necesario volver a aquella estima por la política en tanto que interés por la praxis humana (discusión y acción) y reencontrar el espacio público en el que las personas desarrollen su conciencia, el «trabajo de las personas», «el pleno desarrollo personal» (Gorz, 1997:95). De aquí que planteemos una EA sociopolítica en la que la construcción del currículum se ve afectada por la propia concepción, es decir, un cambio en el currículum no solamente provoca sino que comporta tanto una producción de vínculos sociales como un cambio en las construcciones de vida social y en las manifestaciones culturales.

El propio proceso de producción académica supone una participación curricular de los agentes de la EA, en este sentido podemos hablar de *educación democrática,* de desarrollo personal y colectivo. La estrategia ya no ha de ser la difusión de un derecho (democracia educativa o escolar) sino la aportación de vías de política social dirigidas a romper las insistentes y constantes dinámicas que hacen de las personas «adultas» unos sujetos dependientes, en lugar de hacerlos «mayores de edad» e independientes en sus voces. Insistimos en hacer de la EA una institución de naturaleza social y un instrumento de la modernidad, en el sentido que nos habla F. Beltrán (1991) de «creación de una fuerte ciudadanía». Sostenemos pues, una teoría curricular relacionada directamente con la propia sociedad, o en otras palabras, subvertir la tradicional racionalidad educativa de mantenimiento y estabilidad de un *currículum constituido* para pasar a un *currículum constituyente,* tal y como exponemos en el capítulo anterior y argumentamos a lo largo del ensayo.

Es necesario, pues, avanzar y transformar las arbitrariedades sociales, es por eso que consideramos imprescindible la conjugación de «tres derechos» que han de tener las personas adultas, para hacer realidad las «condiciones» y «niveles» sustantivos de un currículum democrático (Bernstein, 1990). Así, la primera condición es la *apuesta* en la cual las personas se consideran con el *derecho* de recibir pero también con la *obligación* de aportar alguna cosa y, la segunda, poder *confiar,* por parte de ellas, en las organizaciones que como la de la EA (Osorio, 1990; Cabello, 1993, 1991) realicen la promesa de esa apuesta. Los tres derechos interconectados, y que sería conveniente institucionalizar, serían: en primer lugar el «*crecimiento o mejora individual»,* como dice Bernstein (1990:124), «el crecimiento no es simplemente el derecho a adquirir los medios de

lite a la población la toma de conciencia que le libere de los proyectos del sistema de explotación y de opresión. La importancia del lenguaje en la cultura como realidad objetiva de las formas de pensar, sentir, relacionarse, es una insistencia de Gramsci (1972, 1981) en la configuración de la clase hegemónica, es así que:

> «cada vez que surge, de una manera o de otra, la cuestión de la lengua, significa que se acercan una serie de problemas diversos: la formación y la ampliación de la clase dirigente, la necesidad de establecer relaciones más íntimas y seguras entre los grupos dirigentes y la masa popular-nacional, es decir, de reorganizar la hegemonía cultural» (Gramsci, 1981:247).

La creación de una cultura emancipadora sólo es posible a través de prácticas democráticas radicales, como la construcción curricular que proponemos. No obstante, sería por nuestra parte un deseo o un sueño desmesurado si no buscásemos también, además de las prácticas, otros métodos «realistas» que dificulten su perversión (Capella, 1993); nuevos métodos de organización y vías de comunicación para hacer efectivas esas prácticas para que no se vuelvan reificadas en su sustancia. Una transformación real de la EA ha de partir de las condiciones y prácticas actuales del sistema educativo en la que se encuentra, pero teniendo en cuenta que cualquier proyecto de transformación presupone un análisis de las determinaciones sociohistóricas de la institución educativa. Considerar al alumnado como personas desde la igualdad en la comunicación significa transformar los roles y las formas educativas predominantes; dando lugar a perspectivas de decisión (participativas) tanto en las cuestiones formales, como en las de organización de la institución educativa. En esta línea, el profesorado, obviando su rol de autoridad-poder, puede pasar a una colaboración con el alumnado e investigar los procesos de producción académica en los cuales están inmersos y no limitarse simplemente a los conocimientos formales prescritos y formalizados. Además de las propuestas e ideas, que hemos ido desarrollando, resulta obligado considerar la dimensión organizativa que subyace a la especificidad curricular de la EA, a su discurso pedagógico (Tyler, 1991; Pascual, 1998), pero una atención adecuada a dicha dimensión consideramos debería ser objeto de un trabajo específico.

La consideración de la EA como una política cultural es una manera de desarrollar una pedagogía «emancipadora» con implicaciones para el currículum. Un código curricular «emancipador» no es sólo una forma

la comprensión crítica y a abrirse a nuevas posibilidades. Este derecho es, para mi, la condición de la confianza» que opera en el nivel individual. El segundo derecho es el derecho a ser *incluido* desde el punto de vista social en una de las condiciones de la *communitas (comunidad)* que opera en el nivel *social*. El tercer derecho es el de *participar* en los procesos de producción en los cuales se construye, se mantiene y se distribuye el orden (poder), supone la condición de participar en el discurso cívico y opera en el nivel de lo público o político.

Figura 1

DERECHOS	CONDICIONES	NIVEL
Crecimiento	Confianza	Individual
Inclusión	Communitas	Social
Participación	Discusión cívica	Político

(Bernstein, 1990:125)

La institucionalización de los derechos supone entender la función social de la EA como un proyecto de política social (tal y como hemos defendido a lo largo del trabajo) no limitado en espacios ni en tiempos, y en consecuencia una especificidad curricular fundamentada tanto en el desarrollo, construcción y reconstrucción crítica de los conocimientos no formales, como en las relaciones o formas de comunicación entre agentes y agencias socioeducativas.

Las obras de autores como Dewey o Freire, tan diferentes en la formación y en las experiencias espacio-temporales, coinciden básicamente en la necesidad de participación en el proceso de enseñanza y de aprendizaje, fundamentalmente por la «fe» absoluta en la educación como factor de cambio social y, sobre todo Dewey (1961, 1964, 1965, 1982, 1989), por la unión que establece entre educación y democracia, considerando ésta como principio, modelo y forma de aquélla:

1. Los dos insisten en partir de las experiencias de las propias personas como elemento fundamental en la educación y que el educador las tenga en consideración de acuerdo con las condiciones sociales.

2. Los dos propugnan una ruptura de los roles del maestro, del educador y del alumno, aprendiz.

Por otra parte, Gramsci nos aproxima a la búsqueda de la hegemonía de las clases populares a través de una cultura emancipadora que posibi-

de entender las relaciones sociales, económicas, culturales… y unirlas a referentes ideológicos, sino también una conexión dialéctica del propio proceso de enseñanza y de aprendizaje con formas de producción que permitan caminar hacia una mejor democracia y, por tanto, hacia nuevos tipos de relaciones individuales y sociales, en las cuales «lo pedagógico debería devenir más político y lo político más pedagógico» (Giroux, 1989:30). La propuesta de una dimensión política, y por tanto de construcción social (deliberación pública) del currículum, está relacionada con la necesidad de una política social de la EA de pensar y reconstruir la propia democracia, es decir, reexplorarla, descubrirla y transformarla desde un campo o espacio de lucha como es la participación en la construcción curricular. Es por eso que proponemos la conjugación y la integración de los derechos, de las condiciones y de los niveles, expuestos anteriormente, como paso en la construcción de un currículum democrático y como elemento sustantivo en un proceso político de enseñanza y aprendizaje.

En democracia los sujetos pueden manifestarse por sus acciones y sus actos, pero si bien son importantes estas manifestaciones todavía lo es más su *contenido*. Éste representa el objeto de la vida y de la democracia y constituye su concepción sustantiva; es decir, son una deliberación pública sobre el saber que se produce en la sociedad. Como expone Castoriadis (1994), las reflexiones de los griegos son para nosotros la simiente para la búsqueda de la concepción sustantiva de la democracia, en este sentido «(…) aportan esta respuesta: la creación de los seres humanos que viven con la belleza, que viven con la sabiduría y que aman el bien común» (págs. 130-131). Estos elementos suponen una guía de valoración para la educación, pero también para la propia constitución de la sociedad.

Lo «bello», «verdadero» y «bueno» han sido y son valores válidos y universales; han de penetrar en el ámbito de lo *necesario* en la vida material. Ahora bien, esos valores han sido reservados a una exigua minoría de personas, por la falta de igualdad y de libertad y, en definitiva, de justicia social. Si es importante comprender y hacer el inventario del mundo real, aún lo es más no perder de vista la materialización de los sueños.

Bibliografía

AA.VV. (1989): *Procesos socioculturales y participación*. Popular, Madrid.
AA.VV. (1991): *Censos de població i habitatges. Monografies*. Volum II. Institut Valencià d'Estadística. Comunitat Valenciana.
AA.VV. (1993): *La larga noche neoliberal*. ICARIA, Barcelona.
AA.VV. (1995): *Volver a pensar la educación*. (II tomos), Madrid, Morata.
AA.VV. (1997): *El paro y el empleo: enfoques alternativos*. Germania, Valencia.
AA.VV. (1997): *Cambios sociales y políticos*. Germania, Valencia.
ABERCROMBIE, N. (1982): *Clase, estructura y conocimiento*. Ediciones Península, Barcelona.
ALEXANDER, J.C. (1992): *Las teorías sociológicas desde la segunda guerra mundial*. Gedisa, Barcelona, 2.ª edición.
ALONSO, R. (dir) (1995): *Hacia un nuevo contrato educativo: la educación de adultos. Un plan para la Rioja*. Gobierno de La Rioja. Consejería de Educación, Cultura, Juventud y Deportes.
ALTHUSSER, L. (1974): *Escritos*. Laia, Barcelona.
ALTHUSSER, L. (1978): *La revolución teórica de Marx*. Madrid, Siglo XXI, 17.ª edición.
ANGULO, J. F. y BLANCO, N. (coord.) (1994): *Teoría y desarrollo del currículum*. Aljibe, Málaga.
APEL, K. O. (1985): *La transformación de la filosofía*. Taurus, Madrid.
APPLE, M. W. (1986): «Economía política de la publicación de libros de texto». En Fernández Enguita, M. (ed): *Marxismo y sociología de la educación*. Akal, Madrid, pp. 311-330.
APPLE, M.W. (1986): *Ideología y curriculo*. Akal, Madrid.
APPLE, M.W. (1987): *Educación y poder*. Paidós/M.E.C., Barcelona.
APPLE, M.W. (1989): *Maestros y textos. Una economía política de las relaciones de clase y de sexo en educación*. Paidós/MEC, Barcelona.
APPLE, M.W. (1996): *El conocimiento oficial. La educación democrática en una era conservadora*. Paidós, Barcelona.
APPS, J.W. (1985): *Problemas de la educación permanente*. Paidós Ecuador, Barcelona.
ARENDT, H. (1993): *La condición humana*. Paidós, Barcelona.
ARENDT, H. i FINKIELKRAUT, A. (1989): *La crisi de la cultura*. Pòrtic, Barcelona.
ARENDT, H. (1996): *Contra el pasado y el futuro. Ocho ejercicios sobre la reflexión política*. Península, Barcelona.
BARNES, B. (1990): *La naturaleza del poder*. Ediciones Pomares-Corredor, Barcelona.
BATE, L.F. (1978): *Sociedad, formación económico social y cultura*. Cultura Popular, México.

BAUDRILLARD, J. (1978): *Cultura y simulacro*. Kairós, Barcelona.
BAUMAN, Z. (1975): *Fundamentos de sociología Marxista*. Alberto Corazón, Madrid.
BAUMAN, Z. (1977): *Para una sociología crítica*. Marymar, Buenos Aires.
BELTRÁN, F. (1987): *Cap a unes bases sociològiques per al disseny curricular de l'EPA*. Generalitat Valenciana. Conselleria de Cultura, Educació i Ciència, València.
BELTRÁN, F. (1991): *Política y reformas curriculares*. València, Universitat de València.
BELTRÁN, F. (1992): «Introducción. Los triángulos cautivos». En Usher, R. y Bryant, I.: *La educación de adultos como teoría, práctica e investigación*. Morata, Madrid, pp. 9-17.
BELTRÁN, F. (1993): «Escolarismo, control y declive de la política en educación de personas adultas». *Educación y Sociedad*. núm. 12, pp. 81-96.
BELTRÁN, F. (1994): «Diez años de política y práctica de la educación de personas adultas en la Comunidad Valenciana (1982-1992). En Requejo, A.: *Política de Educación de Adultos*. Tórculo Edicións, Santiago, pp. 357-370.
BELTRÁN, F. (1995): «Desregulación escolar, organización y currículum». En AA.VV.: *Volver a pensar la educación*. Morata, Madrid, V. II. pp. 152-169.
BELTRÁN, F. (1995): «¿Lee a John Dewey la nueva derecha?». *Cuadernos de Pedagogía*. Núm. 231, pp. 80-86.
BELTRÁN, J. (1990): *El sueño de la alfabetización. España, 1939-1989*. Generalitat Valenciana. Conselleria de Cultura, Educació i Ciència, València.
BELTRÁN, J. (1993): «Educación de personas adultas y emancipación social». *Educación y Sociedad*. núm. 12, pp. 9-27.
BELTRÁN, J. (1997): «La educación de personas adultas desde una perspectiva sociocrítica». En Cabello, M.J. (coord.): *Didáctica y educación de personas adultas*. Aljibe, Málaga.
BELTRÁN, F. y BELTRÁN, J. (1996): *Política y prácticas de la educación de personas adultas*. Universitat de València, València.
BELTRÁN, F. i BELTRÁN, J. (1998): «L'educació de persones adultes com a carta robada». Temps d'Educació, núm. 20, pp. 219-234.
BELTRÁN, M. (1991): *La realidad social*. Tecnos, Madrid.
BERGER, P. y LUCKMANN, T. (1993): *La construcción social de la realidad*. Amorrortu, Buenos Aires, 11.ª reimpresión.
BERNSTEIN, B. (1988): *Clases, códigos y control*. Akal, Madrid.
BERNSTEIN, B. (1990): *Poder, educación y conciencia*. El Roure, Barcelona.
BERNSTEIN, B. (1993): *La estructura del discurso pedagógico*. Morata, Madrid.
BERNSTEIN, B. (1998): *Pedagogía, control simbólico e identidad*. Morata, Madrid.
BETTI, G. (1981): *Escuela, educación y pedagogía en Gramsci*. Martínez Roca, Barcelona.
BEYER, L.E. & APPLE, M.W. (ed.) (1988): *The Curriculum. Problems, Politics and Possibilities*. State of New York Press, New York.
BLANCO, N. (1994): «Los contenidos del currículum». En Angulo, J.F. y Blanco, N. (coord.): *Teoría y desarrollo del currículum*. Aljibe, Málaga, pp. 233-261.
BOURDIEU y PASSERON (1981): *La reproducción. Elementos para una teoría del sistema de enseñanza*. Laia, Barcelona, 2.ª edición.
BOURDIEU, P. (1989): «Sistemas de enseñanza y sistemas de pensamiento». En Gimeno y Pérez (comp.): *La enseñanza: su teoría y su práctica*. Akal, Madrid, pp. 20-36.
BOURDIEU, P. (1991): *La distinción. Criterios y bases sociales del gusto*. Taurus, Madrid.
BOWLES, S. y GINTIS, H. (1985): *La instrucción escolar en la América capitalista*. Siglo XXI, Madrid, 2.ª edición en castellano.
BROCKETT, R.G. y HIEMSTRA, R. (1993): *El aprendizaje autodirigido en la educación de adultos. Perspectivas teóricas, prácticas y de investigación*. Paidós Ecuador, Barcelona.

BROOKFIEL, S. (1987), *Learning Democracy: Eduard Lindeman on Adult Education and Social Change.* Croom Helm, London.
BRUSILOVSKY, S. (1995): «Educación de Adultos: conceptos, realidades y propuestas». *Diálogos.* Volumen 1. pp. 38-44.
CABELLO, M. J. (1991): *Modelo didáctico de Educación de Adultos.* Tesis Doctoral. Universidad Complutense de Madrid. Facultad de Filosofía y Ciencias de la Educación, Madrid.
CABELLO, M.J. (1993): «La educación de personas adultas como acción institucional». *Educación y Sociedad.* núm. 12. pp. 37-59.
CABELLO, M.J. (1995): «Sobre las condiciones y cualidades de un desarrollo curricular específico en educación de personas adultas»? *Diálogos.* Volumen 1. pp.16-27.
CABELLO, M.J. (coord.) (1997): *Didáctica y educación de personas adultas.* Málaga, Aljibe.
CAPELLA, J.R. (1993): *Los ciudadanos siervos.* Trotta, Madrid.
CARABAÑA y DE FRANCISCO (comp.) (1994): *Teorías contemporáneas de las clases sociales.* Madrid, Pablo Iglesias. 2.ª edición.
CARNOY, M. (1988): *La educación como imperialismo cultural.* Siglo XXI, Madrid, 7.ª edición.
CARR, W. (1996): *Una teoría para la educación. Hacia una investigación educativa crítica.* Morata, Madrid.
CASTELLS, M. et al. (1994): *Nuevas perspectivas críticas en educación.* Paidós, Barcelona.
CASTORIADIS, C. (1994): *Los dominios del hombre: las encrucijadas del laberinto.* Gedisa, Barcelona, 2.ª edición.
CASTORIADIS, C. (1998): *El ascenso de la insignificancia.* Cátedra, Madrid.
CHAPARRO, F. (1986): Seminario técnico regional sobre alternativas de educación básica de adultos en el marco de la Redalf del proyecto principal de educación en América Latina y el Caribe. UNESCO. Oficina Regional de Educación para América Latina y el Caribe.
COLLINS, M. (1995): «Critical Commentaries on the Role of the Adult Educator: From Self-Directed Learning to Posmodernist Sensibilities». En Welton, M. (ed.): *In Defense of the Lifeworld Critical Perspectives on Adult Learning.* State University of New York Press, New York, pp. 71-98.
COLLINS, R.(1989): *La sociedad credencialista. Sociología histórica de la educación y la estratificación.* Akal, Madrid.
COURTNEY, S. (1992): *Why adults learn. Towards a Theory of Participation in Adult Education.* Routledge, London and New York.
DAHRENDORF, R. (1990): *El conflicto social moderno. Ensayo sobre la política de la libertad.* Mondadori, Barcelona.
DALTON y KUECHER (comp.) (1992): *Los nuevos movimientos sociales.* Alfons el Magnànim, València.
DE FRANCISCO, A. (1994): «Problemas del análisis de clase: a modo de introducción» en Carabaña, J. y De Francisco, A.(comp.): *Teorías contemporáneas de las clases sociales.* Pablo Iglesias, Madrid. 2.ª edición.
DE SANTIS, F. M. (1974): *Problemi del pubblico nel lavoro di educazione degli adulti,* Clusf, Firenze.
DE SANTIS, F.M. (1989): «La educación permanente». En AA.VV.: *Procesos socioculturales y participación.* Popular, Madrid, pp. 195-203.
DEBESSE, M. y MIALARET, G. (1986): *Formación continua y educación permanente.* Oikos-tau, Barcelona.

DEWEY, J. (1961): *El hombre y sus problemas*. Paidós, Buenos Aires, 2.ª edición.
DEWEY, J. (1964): *Naturaleza humana y conducta*. Fondo de Cultura Económica, México.
DEWEY, J. (1965): *Libertad y cultura*. Utema, México.
DEWEY, J. (1967): *Experiencia y educación*. Losada, Buenos Aires.
DEWEY, J. (1970): *La reconstrucción de la filosofía*. Aguilar, Buenos Aires, 4.ª edición.
DEWEY, J. (1982): *Democracia y educación*. Losada, Buenos Aires.
DEWEY, J. (1989): *Cómo pensamos*. Paidós, Barcelona.
DEWEY, J. (1989): *Democràcia i escola*. Eumo, Barcelona.
DEWEY, J. (1997): *Mi credo pedagógico*. Con «introducción» de Franciso Beltrán y José Beltrán. Secretariado de Publicaciones de la Universidad de León.
DUBIEL, H. (1993): *¿Qué es neoconservadurismo?* Anthropos, Barcelona.
EGGLESTON, J. (1980): *Sociología del currículo escolar*. Troquel, Buenos Aires.
ELSTER, J. (1988): *Uvas amargas. Sobre la subversión de la racionalidad*. Barcelona, Península.
ELLIOTT, J. (1990): *La investigación-acción en educación*. Morata, Madrid.
ELLIOTT, J. et al. (1986): *Investigación/acción en el aula*. Generalitat Valenciana. Conselleria de Cultura, Educació i Ciència, València.
ESTATUTOS INSTITUCIÓN LIBRE DE ENSEÑANZA (1976). *Revista de Educación*. Núm. 243, Marzo-Abril, pp. 109-112.
FEDERIGHI, P. (1992): *La organización local de la educación de adultos*. Popular/O.E.I./Quinto Centenario, Madrid.
FEDERIGHI, P. (1993): «Gestión social y control de los procesos educativos y sociales». *Educación y Sociedad*. núm. 12, pp. 61-79.
FERNÁNDEZ ENGUITA, M. (ed.)(1986): *Marxismo y sociología de la educación*. Akal, Madrid.
FERNÁNDEZ, J.A. (coord) (1986): *Libro blanco. Educación de Adultos*. M.E.C. Dirección General de Promoción Educativa, Madrid.
FERRER i GUARDIA, F. (1979): *La escuela moderna*. ZYX, Madrid, 4.ª edición.
FLECHA, R., LÓPEZ, F. y SACO, R. (1988): *Dos siglos de educación de adultos. De las sociedades de amigos del país a los modelos actuales*. El Roure, Barcelona.
FLECHA, R. (1990): *Educación de las personas adultas. Propuestas para los años noventa*. El Roure, Barcelona.
FLECHA, R. (1990): *La nueva desigualdad cultural*. El Roure, Barcelona.
FLECHA, R. (1991): «El efecto desnivelador. Cómo el modelo actual de crecimiento de la teoría y de la práctica educativa está generando analfabetismo funcional». *Revista de Educación*. núm. 294. pp. 179-194.
FLECHA, R. (1994): «Las nuevas desigualdades educativas». En Castells, M. et al.: *Nuevas perspectivas críticas en educación*. Paidós Ecuador, Barcelona, pp. 55-88.
FLECHA, R. (dir.): *Habilidades básicas de la población. Alfabetización funcional en España. Concurso Nacional de Proyectos de Investigación Educativa de 1992*. Orden del 13-01-92. BOE 10-02-92.
FORMARIZ, A. (1997): «Los centros de personas adultas y su entorno territorial: organización de redes locales». Cabello, M.J. (coord.): *Didáctica y educación de personas adultas*. Aljibe, Málaga.
FRANCHI, G. (1988): *La instrucción como sistema*. Laertes, Barcelona.
FREIRE, P. (1978a): *Cartas a Guinea-Bissau. Apuntes de una experiencia pedagógica en proceso*. Siglo XXI, Madrid, 2.ª edición.
FREIRE, P. (1978b): *Pedagogía y acción liberadora*. ZYX, Madrid.
FREIRE, P. (1984a): *La educación como práctica de la libertad*. Siglo XXI, Madrid, 6.ª edición.

FREIRE, P. (1984*b*): *La importancia de leer y el proceso de liberación.* Siglo XXI, Madrid.
FREIRE, P. (1988*a*): *¿Extensión o comunicación? La concientización en el medio rural.* Siglo XXI. Madrid, 16.ª edición.
FREIRE, P. (1988*b*): *Pedagogía del oprimido.* Madrid, Siglo XXI. 11.ª Edición.
FREIRE, P. (1990): *La naturaleza política de la educación. Cultura, poder y liberación.* Paidós/M.E.C., Barcelona.
FREIRE, P. y MACEDO, D. (1989): *Alfabetización. Lectura de la palabra y lectura de la realidad.* Paidós/M.E.C., Madrid.
FREIRE, P. (1993): *Pedagogía de la esperanza.* Siglo XXI, Madrid.
FREIRE, P. (1997): *A la sombra de este árbol.* El Roure, Barcelona.
FULLAT, O. (1973): *La educación permanente.* Salvat Editores, Barcelona.
GARCÍA CARRASCO, J. (1991): *La educación básica de adultos.* CEAC, Barcelona.
GARCÍA FERRANDO, IBAÑEZ y ALVIRA (comp.) (1993): *El análisis de la realidad social. Métodos y técnicas de investigación.* Alianza Editorial, Madrid, 5.ª reimpresión.
GARCÍA RUÍZ, P. (1993): *Poder y sociedad. La sociología política de Talcott Parsons.* Pamplona, EUNSA.
GELPI, E. (1990): *Educación permanente. Problemas laborales y perspectivas educativas.* Popular/OEI/Quinto Centenario, Madrid.
GELPI, E. (1995): «Movimentos sociales, educación de jóvenes y adultos y pensamiento divergente y complejo». *Diálogos.* Volumen 1. pp. 5-10.
GELPI, E. (1995): «La educación de adultos en la ciudadanía democrátiva». *Diálogos.* Volumen 3-4. Diciembre 1995. pp. 13-20.
GIDDENS, A. (1995a): *La constitución de la sociedad. Bases para la teoría de la estructuración.* Amorrortu, Buenos Aires.
GIDDENS, A. (1995b): *Sociología.* Alianza Editorial Textos, Madrid, 2.ª edición.
GIMENO, J. (1991): *El currículum: una reflexión sobre la práctica.* Madrid, Morata. 3.ª Edición.
GIMENO, J. (1994): «Dilemas y opciones». *Cuadernos de Pedagogía.* Núm. 225. pp. 8-14.
GIMENO, J. y PÉREZ, A. I. (comp.) (1989): *La enseñanza: su teoría y su práctica.* Akal, Madrid, 3.ª edición.
GIMENO, J. y PÉREZ, A.I. (1992): *Comprender y transformar la enseñanza.* Morata, Madrid.
GIROUX, H. (1989): «Introducción». En Freire, P.: *La naturaleza política de la educación. Cultura, poder y liberación.* Paidós/MEC, Barcelona, pp. 13-25.
GIROUX, H. PENNA, A. & PINAR (ed.) (1981): *Curriculum and instruction.* Mc Cutchan Pu. Co., Berkeley.
GIROUX, H.A. (1990): *Los profesores como intelectuales. Hacia una pedagogía crítica del aprendizaje.* Paidós/MEC, Barcelona.
GIROUX, H.A. (1993): *La escuela y la lucha por la ciudadanía.* Siglo XXI, Madrid.
GIROUX, H.A. y FLECHA, R. (1992): *Igualdad educativa y diferencia cultural.* El Roure, Barcelona.
GOODSON, I. (1995): *Historia del currículum. La construcción social de las disciplinas escolares.* Pomares-Corredor, Barcelona.
GOODSON, I. (1991): «La construcción social del currículum. Posibilidades y ámbitos de investigación de la historia del currículum». *Revista de Educación.* núm. 295. pp. 7-37.
GORZ, A. (1997): «Salir de la sociedad salarial». En AA.VV.: *El paro y el empleo: enfoques alternativos.* Germania, Valencia.

GRAMSCI, A. (1972): *Los intelectuales y la organización de la cultura*. Nueva Visión, Buenos Aires.
GRAMSCI, A.: (1974): *Pequeña antología política*. Libros de confrontación, Barcelona.
GRAMSCI, A.: (1980): *Notas sobre Maquiavelo, sobre la política y sobre el Estado moderno*. Nueva Visión, Madrid.
GRAMSCI, A. (1981): *La alternativa pedagógica*. Fontamara, Barcelona.
GRAMSCI, A.: (1985): *Introducción al estudio de la filosofía*. Crítica, Barcelona.
GRAMSCI, A.: (1998): *Para la reforma intelectual y moral*. Los libros de la Catarata, Madrid.
GRIFFIN, C. (1983): *Curriculum Theory in Adult and Lifelong Education*. Croom Helm, London.
GRIFFIN, C. (1987): *Adult Education: As Social Policy*. Croom Helm, London.
GRIGNON, C. (1993): «Cultura dominante, cultura escolar y multiculturalismo popular». *Educación y Sociedad*. núm. 12, pp. 127-136.
GRIGNON, C. y PASSERON, J.C. (1992): *Lo culto y lo popular*. La Piqueta, Madrid.
GRUNDY, S. (1991): *Producto o praxis del currículum*. Morata, Madrid.
HABERMAS, J. (1988): *Ensayos políticos*. Península, Barcelona.
HABERMAS, J. (1989): «Comentarios al concepto de acción comunicativa». En Camaño et al.: *Conocimiento y comunicación*. Montesinos, Barcelona, pp. 22-48.
HABERMAS, J. (1991): *Conciencia moral y acción comunicativa*. Península, Barcelona, 2.ª edición.
HALL, S. (1984): «Notas sobre la desconstrucción de «lo popular». En Samuel, R. (ed.): *Historia popular y teoría socialista*. Grijalbo, Barcelona, pp. 93-110.
HALLIDAY, J. (1995): *Educación, gerencialismo y mercado*. Morata, Madrid.
HART, M. (1995): «Motherwork: A Radical Proposat to Rethink Work and Education». En Welton, M. (ed.): *In Defense of the Lifeworld Critical Perspectives on Adult Learning*. State University of New York Press, New York, pp. 99-126.
HELLER, A. (1991): *Sociología de la vida cotidiana*. Ediciones Península, Barcelona, 3.ª edición.
HORKHEIMER, M. y ADORNO, T.W. (1994): *Dialéctica de la Ilustración*. Trotta, Madrid.
IBAÑEZ, J. (1992): *Más allá de la sociología. El grupo de discusión: técnica y crítica*. Siglo XXI, Madrid, 3.ª Edición.
IBAÑEZ, J. (1994): *Por una sociología de la vida cotidiana*. Siglo XXI, Madrid.
IBAÑEZ, J.(1993): «Apéndice 1. Cómo se realiza una investigación mediante grupos de discusión». En García Ferrando et al. (comp.): *El análisis de la Realidad Social*. Alianza Universidad, Madrid, pp. 489-501.
INGLEHART, R. (1991): *El cambio cultural en las sociedades industriales avanzadas*. Centro de Investigaciones Sociológicas, Madrid.
INGLEHART, R. (1992): «Valores, ideología y movilización cognitiva en los nuevos movimientos sociales». En Dalton, R. y Kuechler, M.: *Los nuevos movimientos sociales*. Alfons el Magnànim, València, pp. 71-99.
JACKSON, P.W. (1991): *La vida en las aulas*. Morata-Paideia, Madrid.
JARVIS, P. (1989): *Sociología de la educación continua y de adultos*. El Roure, Barcelona.
JARVIS, P. (1990): *An International Dictionary of Adult and Continuing Education*. Routledge, Londres y Nueva York.
KANT, I. (1994): *Ideas para una historia universal en clave cosmopolita y otros escritos sobre filosofía de la Historia*. Tecnos, Madrid, 2.ª edición.
KEANE, J. (1997): «Lo que queda de la izquierda». En AA.VV.: *Cambios sociales y políticos*. Germania, Valencia.

KELLE, W. y KOVALZÓN, M. (1977): *Sociología marxista*. Akal, Madrid.
KEMMIS, S. (1988): *El currículum: más allá de la teoría de la reproducción*. Madrid, Morata.
KNOWLES, M.S. (1970): *The Modern Practice of Adult Education: Andragogia versus Pedagogia*. Association Press, Chicago.
KOSMINSKY, E.A. (1976): *Historia de la Edad Media*. Ayuso, Madrid.
KOZOL, J. (1990): *Analfabetos U.S.A.* El Roure, Barcelona.
LAPASSADE, G. y LOUREAU, R. (1981): *Claves de la sociología*. Laia, Barcelona.
LEFEBVRE, H. (1969): *Sociología de Marx*. Península, Barcelona.
LEFEBVRE, H. (1974): *Marx*. Guadarrama, Madrid.
LEFEBVRE, H. (1984): *La vida cotidiana en el mundo moderno*. Alianza Editorial, Madrid, 3.ª edición.
LENIN, V.I. (1974): *La cultura y la revolución cultural*. Anteo, Buenos Aires.
LÉON, A. (1982): *Psicopedagogía de los adultos*. Siglo XXI, Madrid, 5.ª Edición.
LERENA, C. (1986): «Enseñanza pública y privada en España: sobre el porvenir de una ilusión». En Fernández Enguita, M.(ed.): *Marxismo y sociología de la educación*. Akal, Madrid, pp. 331-372.
LOMBARDI, L.M. (1978): *Apropiación y destrucción de la cultura de las clases subalternas*. Nueva Imagen, México.
LONG, H., (1987): *New Perspectives on the Education of adults in the United States*. Croom Helm, New York.
LOVETT, T. (ed.) (1988): *Radical Approaches to Adult Education: A Reader*. Routledge, London and New York.
LOWE, J. (1978): *La educación de adultos. Perspectivas mundiales*. Unesco/Sígueme, Salamanca.
LUHMANN, N. (1990): *Sociedad y sistema: la ambición de la teoría*. Paidós/I.C.E.-U.A.B., Barcelona.
LUKÁCS, G. (1985): *Historia y conciencia de clase*. Barcelona, Orbis. (II tomos)
LUKÁCS, G. (1991): «Prefacio». En Heller, A.: *Sociología de la vida cotidiana*. Península, Barcelona, 3.ª Edición. pp. 9-14
LUNDGREN, U.P. (1992): *Teoría del currículum y escolarización*. Morata, Madrid.
MALGLAIVE, G. (1991): «Saber y práctica en la formación de adultos». *Revista de Educación*. Núm. 294. pp. 79-106.
MANACORDA, M.A. (1977): *El principio educativo en Gramsci*. Sígueme, Salamanca.
MARAVALL, J.M. (1985): *La reforma de la enseñanza*. Laia, Barcelona.
MARCUSE, H. (1968): *Cultura y Sociedad*. Sur, Buenos Aires, 2.ª Edición.
MARCUSE, H. (1976): *Razón y Revolución*. Alianza Editorial, Madrid.
MARCUSE, H. (1981): *Ensayos sobre política y cultura*. Ariel, Barcelona, 4.ª edición.
MARCUSE, H. (1972): *El hombre unidimensional*. Seix Barral, Barcelona.
MARX (1974): *Miseria de la filosofía*. Jukar, Madrid.
MARX, K. y ENGELS, F. (1972): *La ideología alemana*. Grijalbo, Barcelona.
MARX, K. y ENGELS, F. (1975): *Obras escogidas, 1*. Akal, Madrid.
MEDINA FERNÁNDEZ (1997): *Modelos de Educación de personas adultas*. Barcelona, Palmas de Gran Canaria, El Roure, Universidad de las Palmas de Gran Canaria, Consejería de Educación, Cultura y Deportes del Gobierno de Canarias.
McICROY, J. & WESTWOOD, S. (ed.) (1993): *Border Country. Raymond Williams in Adult Education*. Leicester, NIACE.
MEC (1989): *Libro blanco para la reforma del sistema educativo*. MEC, Madrid.
MEC (1994). Secretaria de Estado de Educación. Dirección General de F.P. Reglada y

Promoción Educativa. Subdirección General de educación Permanente. *Documentación Básica sobre la implantación de la Educación Secundaria para Personas Adultas.*
MEC (1993): *Ley Orgánica de Ordenación General del Sistema Educativo y normativa complementaria.(LOGSE).* M.E.C./Ministerio de la Presidencia, Madrid.
MEGHNAGI, S. (1986): *Il curricolo nell'educazione degli adulti.* Loescher, Torino.
MEZIROW, J. (ed.) (1990): *Fostering Critical Reflection in Adultthood. A guide to Transformative and Emancipatory Learning.* Jossey Bass, San Francisco-Oxford.
MEZIROW, J. (1991): *Transformative Dimensions of Adult Learning.* Jossey-Bass Publishers, San Francisco/Oxford.
MEZIROW, J. (1994): «Transformaciones en la educación y aprendizaje de adultos». *Educación Social.* Núm. 1. pp. 181-187.
MEZIROW, J. (1995): «Transformation Theory of Adult Learning». En Welton, M. (ed.): *In Defense of the Lifeworld Critical Perspectives on Adult Learning.* State University of New York Press, New York, pp. 39-70.
O'MALLEY J. & CHAMOT, A. (1990): *Learning strategies in second Language acquisition.* University Press, U.S.A. Cambridge.
OFFE, C. (1992): «Reflexiones sobre la autotransformación institucional de la actividad política de los movimientos: Modelo provisional según estadios». En Dalton y Kuecher (comp.) : *Los nuevos movimientos sociales.* Alfons el Magnànim, València, pp. 315-339.
OFFE, C. (1997): «¿Pleno empleo? Para la crítica de un problema mal planteado». En AA.VV. : *El paro y el empleo: enfoques alternativos.* Germanía, Valencia.
ORTI, A. (1992): «Para una teoría de la sociedad de las clases medias funcionales de los 80. La estratificación competitiva como universalización de la dominación del capital». *Documentación Social.* núm. 88. pp. 209-234.
OSORIO, J. (ed.) (1990): *Educación de Adultos y Democracia.* Popular/ O.E.I./ Quinto centenario, Madrid.
PALAZÓN, F. y SÁEZ, J. (1994): «La educación de adultos en el mundo angloamericano». *Pedagogía social.* núm. 9. pp. 7-45.
PARIJS, P.V. (1994): «Una revolución en la teoría de las clases». En Carabaña, J. y De Francisco, A. (comp.): *Teorías contemporáneas de las clases sociales.* Pablo Iglesias, Madrid, 2.ª edición. pp. 187-227.
PASCUAL, A. (1996): «Principios sociales y educativos de formalización curricular en educación de personas adultas». Qurriculum. Núm. 12-13. pp. 145-164.
PASCUAL, A. (1997): *Conceptualització Curricular en Educació de Persones Adultes: de la Prescripció a la Construcció Discursiva.* Tesi Doctoral. Universitat de València.
PASCUAL, A. (1998a): «Por una pedagogía de la transformación». *Cuadernos de Pedagogía.* Núm. 272. pp. 74-77.
PASCUAL, A. (1998b): «Estructura organizativa de los CEA: bases para la elaboración de un marco teórico». Diálogos. Núm. 13. pp.71-78.
PINAR, W. (1989): «La reconceptualización en los estudios del currículum». En Gimeno y Pérez (comp.): *La enseñanza: su teoría y su práctica.* Akal, Madrid, 3.ª edición, pp. 231-239.
PINO, J. (1994): *La teoría sociológica. Un marco de referencia analítico de la modernidad.* Tecnos, Madrid.
PLATÓN (1993): *La república. Llibre VII.* Servei de publicacions de la Universitat de València, València, 2.ª edició.
PLUMB, D. (1995): «Declining Opportunities: Adult education, Cultura, and Post-

modernity». En Welton, M. (ed.): *In Defense of the Lifeworld Critical Perspectives on Adult Learning.* State University of New York Press, New York, pp.157-194.
POPKEWITZ, Th. (1988a): *Paradigma e ideología en investigación educativa.* Mondadori, Madrid.
POPKEWITZ, Th. (1989b): «Los valores latentes del currículum centrado en las disciplinas». En Gimeno y Pérez (comp.): *La enseñanza: su teoría y su práctica.* Akal, Madrid, pp. 306-321.
POPKEWITZ, Th. (1994): *Sociología política de las reformas educativas.* Morata, Madrid.
POPKEWITZ, Th. (comp.)(1994): *Modelos de poder y regulación social en Pedagogía. Crítica comparada de las reformas contemporáneas de la formación del profesorado.* Pomares-Corredor, Barcelona.
POULANTZAS, N. (1977): *Las clases sociales en el capitalismo actual.* Siglo XXI, Madrid.
POULANTZAS, N. (1978): *Poder político y clases sociales en el estado capitalista.* Siglo XXI, Madrid, 5.ª edición.
PRADO, R. (1995): «Entrevista con Paolo Federighi» en *Diálogos.* Volumen 3-4. Diciembre de 1995, pp. 5-12.
PUELLES, M. (1991): *Educación e ideología en la España contemporánea.* Barcelona, Labor.
RAMÍREZ GARRIDO (1995): *Usos de la palabra y sus tecnologias. Una aproximación dialógica al estudio de la alfabetización.* Buenos Aires, Miño y Dávila.
REQUEJO, A. (coord.) (1994): *Política de Educación de Adultos.* Santiago, Tórculo Edicións.
RIECHMANN, J. y FERNÁNDEZ BUEY (1994): *Redes que dan libertad. Introducción a los nuevos movimientos sociales.* Paidós, Barcelona.
RUBIO CARRACEDO, J. (1984): *Positivismo, hermenéutica y teoría crítica en las ciencias sociales.* Humanitas, Barcelona.
SALINAS, B. (1995): «Currículum, racionalidad y discurso didáctico». En Poggi, M. (comp.): *Apuntes y aportes para la gestión curricular.* Kapeluz, Buenos Aires, pp. 21-59.
SALINAS, B. (1995): «Límites del discurso didáctico actual». En AA.VV.: *Volver a pensar la educación.* Morata, Madrid, V. II. pp. 45-60.
SALINAS, B. (1996): En Beltrán, F. y Beltrán, J.: *Política y prácticas de la educación de personas adultas.* Universitat de València, València, pp. 102 y ss.
SAN MARTÍN, A. (1996): En Beltrán, F. y Beltrán, J.: *Política y prácticas de la educación de personas adultas.* Universitat de València, València, pp. 92 y ss.
SANCHO, J.M. (1990): *Los profesores y el currículum.* ICE/Horsori, Barcelona.
SANTOS GUERRA, M.A. (1994): *Entre bastidores. El lado oculto de la organización escolar.* Aljibe, Málaga.
SCHUBERT, W. (1986): *Curriculum. Perspective, Paradigm, and Possibility.* Macmillan Publishing Company, New York.
SCHWAB, J. (1989): «Un enfoque práctico como lenguaje para el currículum». En Gimeno y Pérez (comp.): *La enseñanza: su teoría y su práctica.* Akal, Madrid, pp. 197-209.
SEBRELI, J.J. (1992): *El asedio a la modernidad. Crítica del relativismo cultural.* Ariel, Barcelona.
SHARP, R. (1988): *Conocimiento, ideología y política educativa.* Akal, Madrid.
STENHOUSE, L. (1984): *Investigación y desarrollo del currículum.* Morata, Madrid.
STENHOUSE, L. (1987): *La investigación como base de la enseñanza.* Morata, Madrid.
STERCQ, C. (1993): *Alfabetización e inserción socio-cultural.* Popular/Unesco, Madrid.
TENNANT, M. (1991): *Adultez y aprendizaje. Enfoques psicológicos.* El Roure, Barcelona.
THOMPSON, E.P. (1981): *Miseria de la teoría.* Crítica, Barcelona.

THOMPSON, E.P. (1984): «La política de la teoría». En Samuel (ed.): *Historia popular y teoría socialista*. Grijalbo, Barcelona, pp. 301-317.
TIANA, A. (1991): «La educación de adultos en el s. XIX. Los primeros pasos hacia la constitución de un nuevo ámbito educativo». *Revista de Educación*. Núm. 294. pp. 7-26.
TORRES, J. (1991): *El currículum oculto*. Morata, Madrid, 2.ª edición.
TORRES, J. (1994): *Globalización e interdisciplinariedad: el currículum integrado*. Morata, Madrid.
TOURAINE, A. (1993): *Crítica de la modernidad*. Temas de Hoy, Madrid.
TUÑON DE LARA, M. (1977): *Medio siglo de cultura Española. (1885-1936)*. Tecnos, Madrid, 3.ª edición.
TURIN, J. (1975): «1898, el desastre, ¿fue una llamada a la «educación»?». *Revista de Educación*. Núm. 240. Septiembre-octubre. pp. 23-40.
TYLER, W. (1991): *Organización escolar. Una perspectiva sociológica*. Morata, Madrid.
UNESCO (1991): *Convenciones, recomendaciones y declaraciones de la UNESCO*. Edhasa, Madrid.
USHER, R. (1991): «Situación de la educación de adultos en la práctica», *Revista de Educación*. núm. 294, pp. 155-178.
USHER, R. y BRYANT, I. (1992): *La educación de adutos como teoría, práctica e investigación. El triángulo cautivo*. Morata, Madrid.
VARELA, J. (1986): «Teoría y práctica en las instituciones escolares». En Fernández Enguita, M. (ed.): *Marxismo y sociología de la educación*. Akal, Madrid, pp. 143-154.
VATTIMO, G. et al. (1994): *En torno a la posmodernidad*. Anthropos, Barcelona.
VILLASANTE, T., (1997): «Del caos al efecto mariposa». En Cabello, M.J. (coord.): *Didáctica y educación de personas adultas*. Aljibe, Málaga.
WEBER, M. (1985): *La ética protestante y el espíritu del capitalismo*. Orbis, Barcelona.
WELTON, M. (1995): «In Defense of the Lifeworld: A Habermasian Approach to Adult Learning». En Welton, M. (ed.): *In Defense of the Lifeworld Critical Perspectives on Adult Learning*. State University of New York Press, New York, pp. 127-156.
WELTON, M. (1995): «The Critical Turn in Adult Education Theory». En Welton, M. (ed.): *In Defense of the Lifeworld Critical Perspectives on Adult Learning*. State University of New York Press, New York, pp. 11-38.
WELTON, M. (ed.) (1995): *In Defense of the Lifeworld. Critical Perspectives on Adult Learning*. State University of New York Press, New York.
WILLIAMS, R. (1980): *Marxismo y literatura*. Península, Barcelona.
WILLIAMS, R. (1984): *Hacia el año 2000*. Crítica, Barcelona.
WILLIAMS, R. (1994): *Sociología de la cultura*. Paidós, Barcelona.
WILLIS, P. (1986): «Paro juvenil: pensando lo impensable». En Fernández Enguita, M. (ed.): *Marxismo y sociología de la educación*. Akal, Madrid, pp. 101-131.
WILLIS, P. (1988): *Aprendiendo a trabajar*. Akal, Madrid.
WOLF, M. (1988): *Sociologías de la vida cotidiana*. Cátedra, Madrid, 2.ª edición.
WRIGHT, E.O. (1994): *Clases*. Siglo XXI, Madrid.
WRIGHT, E.O. (1994): «Reflexionando, una vez más, sobre el concepto de estructura de clases» en Carabaña, J. y De Francisco, A. (comp.): *Teorías contemporáneas de las clases sociales*. Pablo Iglesias, Madrid, 2.ª edición. pp. 17-125.
YOUNG, M. (1971): *Knowledge and control*. Collier-MacMillan, Londres.
III Conferencia Europea de Educación de Adultos. San Lorenzo del Escorial, noviembre de 1995.